KB067314

희열Ecstasy

기쁨Joy의 심리학

희열Ecstasy
기쁨Joy의 심리학

2018년 12월 13일 초판 1쇄 인쇄
2018년 12월 20일 초판 1쇄 발행

지은이 | 로버트 A. 존슨
옮긴이 | 이주엽
펴낸이 | 김영호
펴낸곳 | 도서출판 동연
등   록 | 제1-1383호(1992년 6월 12일)
주   소 | (우 03962) 서울시 마포구 월드컵로 163-3
전   화 | (02) 335-2630
팩   스 | (02) 335-2640
이메일 | yh4321@gmail.com / h-4321@daum.net

Copyright @ 동연, 2018

ISBN 978-89-6447-435-8 03180

로버트 존슨 융심리학 시리즈 | 5

희열 Ecstasy
기쁨 Joy의 심리학

로버트 A. 존슨 지음
이주엽 옮김

동연

추천의 글

디오니소스의 재탄생

: 기억을 되살려 현재의 의미를 찾는 여정의 시작

조이Joy와 엑스타시Ecstasy는 디오니소스 신화에서 핵심 단어이다. 그런데 둘 다 참 낯설다. 번역이 가능할까? 책을 읽는 독자들에게 설득력이 있을까? 생소한 이미지들이 독자의 정신으로 스며들어 연금술 반응을 일으킬 수 있을까? 염려와 동시에 의문이 깃든다. 특정 문화권에서 적절한 용어가 존재하지 않는다는 사실이 시사하는 바는 무엇일까? 의식이 분화되어 개념화, 추상화로 결실을 맺는 지난한 과정인 고민과 성찰과 상상이라는 집단 의식화 작업을 거치지 않는 상태일 것이다. 아니면 한때 존재했던 개념이 오랜 시기 억압되다 완전히 망각으로 들어간 상태일 것이다. 전자이든 후자이든 심리학적으로 우리들의 의식에서 아직은 형언할 수 없는, 채 말이 될 정도로 무르익지 않는 상태이다. 조이나 엑스타시의 개념만큼이나 디오니소스 신도 모호하고 어렵다. 이질적일 뿐만 아니라 불편하기까지 하다. 간혹 접하는 이미지는 편견과 오해로 점철되어 있다. 디오니소스를 기독교는 악마devil로 간주했고, 일부는 게르만 신화의 보탄Wotan하고 혼동한다. 이 모두 편치 않는 마음에 무게를 더할 뿐이다. 이런 지난한 역사 시기를 거치는 동안 현대인의 정신에서 디오니소스 신의 자리는 가장 깊은 그림자 속이다.

그러나 신들의 영향력은 결코 사라지는 법이 없다. 태초에 인간에게 각인된 첫 번째 무늬, 즉 원형archetype이기 때문이다. 우리는 그림자로 퇴각한 신들을 위해 향을 피우거나 꽃을 드리지 않는다. 의례도 거행하지 않는다. 잊혀졌기 때문이다. 이런 신들은 사라지는 것이 아니라 그림자 속에 머물다가 스스로 그 존재를 드러낸다. 원형심리학에서는 우리가 외면한 신들이 증상을 통해서 만난다고 한다. 증상은 원형적 에너지가 우리에게 접근해 오는 양태인 것이다.

디오니소스 신과의 만남 즉 신이 증상으로 그 모습을 드러내는 양태는 어떠할까? 디오니소스의 엄마Semele가 보여주는 비극적 모습에서 그 실마리를 찾을 수 있다. 너무 가까이 가서 타 죽는다. 바른 자세로 신을 경배할 줄 모르는 현대인들은 겁을 모르니 지나치게 가까이 간다. 이를 '공허한 쾌락 혹은 중독'이라 규정할 수 있을 것이다. 현대 문화가 양산하는 공허한 관능의 세계는 놀랍다. 그런데 양산되는 이미지 수에 비례해서 갈망의 크기도 커져만 간다. 디오니소스 신의 선물인 감각과 심미의 영으로 충만해지지를 않으니 텅 빈 쾌락만 존재할 뿐이다. 다른 모습은 심각한 사회문제로 대두된 각종 중독이다. 술, 마약, 담배, 스마트폰, 로맨스, 성, 일…. 이 모든 중독현상에도 신의 선물은 찾아볼 수 없다. 또 다른 극단이라면 신화에서 팬티우스 왕자가 보여주는 모습이다. 이성과 빛만 숭배하며 몸과 자연과 본능을 경멸한다. 신을 경멸한 대가는 발기발기 찢기는 형벌이다. 증상으로만 만나는 디오니소스 즉 신의 형벌은 타 죽거나 찢겨죽거나 객관과 거리감이 필연적으로 초래하는 소외감과 죽음으로 이끄는 지루함이다.

왜 다시 우리가 디오니소스 신을 불러내야 할까? 고대 그리스처럼 혹은 역사 이전의 선조들처럼, 바른 방식으로 신을 이해하고 존중하고 신의 선물을 받기 위함이다. 증상이 아닌 신의 풍요로움으로 충만해지고, 또 디오니소스 신만이 드러내어 비추어주는 그 감각과 심미와 강렬한 은총의 신비를 기억해내고 탐색하기 위함이기도 하다.

디오니소스 신을 상상하려 하나 모호하다. 적절한 언어도 빼어난 이미지도 생각나지 않는다. 그러니 질문으로 시작하자. '광기'와 '난교'와 '광란'이 디오니소스 신의 본질일까? 광기madness란 정신이상과 동일한 의미가 아니다. 열렬한 욕망이나 열정으로 미치는데, 우리는 좋아서도 미치고, 아파서도 미치고, 연인이나 신에 대한 사랑 때문에도 미친다. 이 열정, 아름다움과 본능적 직관의 세계는 이성으로는 도저히 접근할 수 없다. 예술가들은 이 세계를 꿈꾸며 '신들의 정원'이라는 은유를 사용했다. 본능과 감각이 열어주는 풍요와 환희의 세계가 존재한다. 이는 초월적인 영역이다. 아마 디오니소스 신의 신비를 가장 잘 이해했던 사람들을 찾자면 종교적 열정과 헌신으로 타올랐던 신비가들이었을 것 같다. 이들의 열렬한 구도는 초월적 기쁨과 신성한 엑스타시의 세계로 인도되었다.

디오니소스 신은 여전히 모호하다. 그러나 이 낯선 그러나 매혹적인 신에게 다가가는 방식이 우리가 흔히 하듯이, 두려움을 누그러뜨리고 덜 미치게 만들어 조금은 안전한 방식으로 만드는 것은 아닐 것이다. 고대 그리스에는 인간 정신에 이런 떨리는 두려움과 찢기고 탈 듯한 황홀한 순수나 기쁨을 위한 자리가 있다는 걸 알고 있었다.

이 책은 우리에게도 이 신비로 다가갈 수 있다는 신비로의 입문을 가능하게 해준다. 신을 존중하는 바른 태도는 이 신에게 통과의례를 하는 것이고, 이 책은 엑스타시나 조이라는 신의 선물을 위한 이로운 길라잡이가 될 것이다.

고혜경
신화학 박사

디오니소스를 사랑하다

　알코올 중독, 마약 중독, 일중독, 섹스 중독 등 온갖 중독은 영적 엑스타시를 상실한 시대의 병든 엑스타시다. 영적 엑스타시를 상실한 시대에 어떻게 엑스타시의 본질을 전할 것인가, 이것이 바로 로버트 존슨의 문제의식이다.

　영적 엑스타시가 상징적으로 남아있는 공간이 있다. 바로 성찬식이다. 그 공간은 디오니소스의 술인 포도주가 그리스도의 피로 변하는 공간이다. 평범한 물이 신성한 술로 변한 가나의 혼인잔치의 기적을 기억해보면 성찬식에서 포도주가 그리스도의 피가 되는 이치는 확실히 디오니소스적 상징을 연상시킨다.

　로버트 존슨은 광기의 신 디오니소스의 고통스런 삶의 과정을 통해 디오니소스가 도달한 영적 엑스타시가 바로 우리 삶의 꽃임을 보여주려 하고 있다. 번뇌가 별빛이 되고,

물이 포도주가 되고, 십자가가 부활이 되는 경험! 광기의 신 디오니소스를 사랑하고 영적 엑스타시를 경험하고 나서 광기의 신 디오니소스를 사랑하게 된 자, 그 사람이 바로 삶이 주는 고통을 두려워하지 않는 자유인이다.

이주향
수원대교수

추천의 글

디오니소스와 박카스

　『내면작업Inner Work』의 저자 로버트 존슨의 또 하나의 저술 『희열: 기쁨의 심리학Ecstasy: Understanding the Psychology of Joy』이 우리말로 번역되어 출간되는 것은 기쁜 일이다. 로버트 존슨은 융 심리학의 대가로서 꿈과 신화 그리고 무의식과 원형을 다루는 심층심리학에서 세계적으로 존경받는 학자이다. 『희열: 기쁨의 심리학』은 고대 그리스의 디오니소스 신화를 원형 심리학적인 관점에서 다룬 책이다. 이 책을 읽고 있으면 우리의 가슴 속에서 엑스타시와 기쁨을 누리고 싶은 열망이 일어난다.

　신화 속에는 인간과 인간의 삶의 모습이 날 것 그대로 적나라하게 나타나 있다. 우리는 신화 속에서 벌거벗은 채로 포장되지 아니한 인간 삶의 근원적인 형태를 만나게 된다. 왜냐하면 신화는 인간의 무의식 속에 있는 원형이 투사

된 것이기 때문이다. 융Jung은 말하기를, 원형은 신화를 만들어내는 신화소mythologem라고 하였다. 그러므로 신화는 우리의 모습을 있는 그대로 비추어 볼 수 있는 믿을 만한 거울이다.

저자가 디오니소스 신화에 주목한 것은 이유가 있다. 현대 사회는 이성과 과학 그리고 남성과 물질 중심의 가치가 지나치게 팽배한 나머지 인간이 지녀야 할 본연의 모습인 디오니소스적 가치를 잃어버렸다. 저자는 현대 사회의 특징을 디오니소스의 상실 또는 디오니소스의 영양실조라는 말로 표현한다. 디오니소스적 가치란 책의 제목이 암시하듯이 참된 엑스타시와 기쁨을 추구하고 향유하는 것이다. 그것은 직관적이고 비이성적이며 남성성과 여성성이 통합된 영적인 세계이다. 엑스타시에 대한 열정과 생명력이 춤추며 죄책감 없이 성스럽게 마음껏 즐기고 기뻐할 수 있는 경험의 장소이다. 옛날 디오니소스의 추종자들은 황홀경에 빠져 머리를 뒤로 젖히고 격렬하게 몸을 흔들었다. 저자는 "한 순간이라도 시간도 없고, 공간도 없고, 책임질 일도 없으며, 어디 가지 않아도 되는 원초적인 장소에 머무를 필요가 있다"라고 말한다. 디오니소스적 경험의 장소이다.

그러나 이성과 물질적 가치에 함입되어 디오니소스 원형을 억압하거나 부정하면 문제가 생긴다. 저자는 프란츠M.

L. von Franz의 말을 인용하여 우리가 디오니소스 원형을 인격적으로 수용하지 않으면 그것은 우리에게 비인격적인 모습으로 찾아온다고 한다. 물질 남용 및 중독, 학대, 폭력, 총기 사고, 테러 등은 디오니소스 원형을 억압한 결과이다. 현대인은 디오니소스 원형을 건강하고 성스럽게 표현하는 방법을 잃어버렸다.

모든 신화와 원형이 그렇듯이 디오니소스 원형에도 빛과 어둠, 곧 긍정성과 부정성이 있다. 저자는 그 긍정성과 부정성을 엑스타시의 경험에 대한 자아의 태도에서 찾았는데, 그것을 열정과 팽창이라는 용어로 구분한다. 열정은 황홀경과 기쁨을 건강하게 누리는 생명력이다. 팽창은 균형을 잃어버린 것으로서 술 취함과 광기와 난교 파티 그리고 영혼이 없는 쾌락에 빠져드는 것이다. 저자는 디오니소스 원형의 부정성마저 긍정하지는 않는다. 다만 부정성을 없애기 위해 긍정성까지 내어 버렸다는 비극적인 역사에서 아픔을 느낀다. 과거 로마 제국은 디오니소스 추종자들의 확산에 위협을 느껴 그들을 탄압할 때에 태양과 이성의 신인 아폴론을 격상시켰고, 상대적으로 디오니소스의 지위를 격하시켰다. 디오니소스라는 이름을 술 취함과 방탕이라는 부정적인 의미를 지닌 박카스Bacchus라는 이름으로 바꾸어 놓은 것이 대표적인 사례이다. 그 결과 디오니소스 원형이

지닌 긍정성, 곧 진정한 엑스타시와 기쁨까지 잃어버리는
계기가 되었다.

　저자는 디오니소스 원형의 긍정성을 회복하기 위한 과
정으로서 적극적 상상, 꿈 작업, 의례 등 세 가지 방법을
제시한다. 적극적 상상과 꿈 작업은 그의 책『내면작업』에
자세하게 기록되어 있다. 적극적 상상은 의식적인 자아가
상상을 통해 등장한 무의식의 이미지를 만나서 대화하는
것이다. 상상의 공간은 의식 세계도 아니고 무의식 세계
도 아니다. 의식적인 자아와 무의식의 원형이 만나는 특
별한 장소이다. 이 장소에 디오니소스 원형이 출현한다.
꿈 작업은 꿈의 의미를 찾기 위한 과정으로서 디오니소스
원형은 꿈속에서 자연스럽게 자신의 모습을 드러낸다. 의
례는 기쁨을 맞아들이기 위한 과정으로서 적극적 상상과
꿈 작업을 통해서 깨달은 것을 상징적인 행동으로 옮기는
것이다. 의례의 핵심은 마술이나 체면에 있지 않고, 성聖과
속俗을 연결하는데 있다. 의례는 영적 쇄신과 심층적인 변
화를 위한 자원이 된다. 우리는 의례를 행함으로서 집착
과 중독과 파괴적인 행동으로 표현될 수 있는 것을 안전
하게 처리할 수 있다.

　『희열: 기쁨의 심리학』은 우리의 내면세계와 삶에 대한
신선한 통찰력을 제공하는 책이다. 여러 부류의 사람들이

이 책을 읽도록 추천하고 싶다.

　첫째는 합리적인 세계와 풍요로운 물질 속에 살고 있지만 내적인 공허감과 무의미감 그리고 무력감과 우울감에 시달리는 사람들이다. 그들은 디오니소스적 가치인 참된 엑스타시와 기쁨을 상실했기 때문이라는 저자의 견해에 동의하기 때문이다. 둘째는 그런 공허감과 우울감에 시달리는 내담자들 그리고 집착과 중독과 폭력에 연류 되어 있는 내담자들을 치유하고 돕는 상담자들이다. 이 책 속에는 그들을 도울 수 있는 길과 방향이 무엇이며, 어떻게 도울 수 있는지를 알 수 있는 지혜가 담겨 있기 때문이다. 셋째는 영적인 세계에 관심을 기울이는 종교 지도자들이다. 특히 기독교의 목사들이 읽어보도록 권하고 싶다. 왜냐하면 현대 사회에서 기독교의 성장이 둔화되고 침체되는 이유 중의 하나는 영적인 엑스타시의 경험을 상실했기 때문이며, 그 회복의 과정에는 엑스타시적인 기쁨의 경험이 필요하다고 생각되기 때문이다.

김중호
치유상담대학원대학교 명예교수

우리에게 필요한 것은 '깨어있음'이다

책을 번역하면서 현대 사회의 중독을 생각했다. 현대인
은 신을 잃은 대신 증상을 갖게 되었다는 융의 말로 저자는
얘기를 시작한다. 현대에 만연한 중독이 증상의 대표일 것
이다. 고전적 심리치료들이 중독 앞에 맥을 못 추는 이유는
그것들이 대개 억압을 문제 삼는 접근들이기 때문이다. 중
독은 억압이 문제가 아니라 과도한 분출, 끝없는 탐닉이 문
제다. 폴 틸리히는 종교를 "궁극적 관심에 사로잡힌 상태"라
했다. 중독은 중독 대상을 궁극적 관심으로 삼고 거기 사로
잡힌 상태다. 그런 의미에서 중독은 종교다. 신 대신 등장한
증상이며, 신의 대체물로서 우상숭배다.

엑스타시, 조이 등 자주 등장하는 단어를 옮기기가 괴로
워 그대로 썼다. 우리말이 어휘가 부족한 언어는 아닐 터.
다만 오늘날의 우리가 옛 언어에서 황홀함이 사라진 현실

을 살고 있는 탓일 게다. 심혼心魂에 아무 것도 불러일으키지
못하고 회색 허공으로 마냥 미끄러지는 말들. 초혼招魂의 언
어여야 할 것이 신 떠난 무당처럼 영험을 잃었다. 신과 종
교를 전반적으로 무시해온 현대의 과보果報일 것이다. 그 점
에서 서양이나 우리나 크게 다르지 않다. 저자는 서양의 언
어 결핍을 한탄하지만 우리도 이를 선뜻 남의 얘기로 삼지
못한다. 현대의 우리는 서양처럼 교육받고, 서양처럼 사고
한다.

   뭐든지 늦는 나는 로버트 존슨도 뒤늦게 접했다. 그래
도 남의 책에서 나의 생각을 읽는 건 큰 기쁨이다. 조이라
할 만하다. 나는 조이란 단어를 소리의 유사성 때문에 '생명'
을 뜻하는 헬라어 '조에ζωη'와 연결 짓기 좋아한다. 성서는 신
을 영이나 사랑으로 정의하지만 생명 또한 만만찮은 신의
정의다. 나는 사람이 생기를 느끼며 기쁨을 경험하는 건 숨
어있던 신의 얼굴을 보는 순간이라고 생각한다. "그들의 걷
는 길을 당신의 환한 얼굴이 비춰주시니" 하는 시편의 표현
처럼 말이다(시 89:15). 하물며 그 책이 휘발성으로 금방 날
아가 버리는 생각들에 언어의 중력을 달아 곁에 머물게 해
줄 때의 기쁨은 참 크다. 현대의 중독, 성, 로맨틱러브에 대
한 탐닉에 대해 평소 생각들이 둥둥 떠다니다가 존슨의 책
을 만나 땅에 착륙하는 기분이다. 독자들도 같은 기쁨을 맛

보기 바란다.

최근 심리치료는 명상에 주목한다. 위에서 말한 것처럼 중독을 우상이요, 거짓 신이라 한다면 그 대응책은 진짜 신을 만나는 것일 게다. 명상의 치료기제를 생화학적으로는 중독 물질 도파민을 행복 물질 세로토닌으로 다스리는 일이라 설명하기도 한다. 존슨의 용어를 쓰자면 엑스타시와 조이가 중독을 치료한다. 그리스도인인 나는 자꾸만 하느님을 직관하는 관상과 거기서 비롯되는 잔잔한 희열이 우리를 온갖 거짓 신들의 손아귀에서 벗어나게 할 거라는 식으로 옮겨 읽는다. 하지만 이 말이 지나치게 종교적으로 들리지 않았으면 한다. 영적 경험의 핵심은 정신의 낚아챔, 사로잡힘이다. 내가 아는 어떤 이는 모네의 '수련' 그림 앞에서 넋을 놓고 몇 시간을 눈물 흘리며 서 있었다고 한다. 아이가 예뻐 넋을 놓고 황홀해하는 엄마는 사랑 그 자체, 곧 신으로 화한다. 자신보다 더 큰 힘에 낚아채지는 경험. 엑스타시와 조이는 숨어있긴 해도 우리 일상에 널려있다는 게 내 믿음이다. 그 숨은 신의 환한 얼굴을 알아보기 위해 우리에게 필요한 것은 '깨어있음'이다. 종교인, 비종교인을 막론하고 말이다. 언제 어디서 그 초월성이 내게 도래해 내 정신을 낚아챌지 모른다고 기대하며 사는 일이다. 나는 어차피 그리스도인이라 자꾸 내 정체성 언어인 성서의 말로 표현한다.

"너희의 주인이 언제 올지 모르니 깨어있으라!"(마태 24:42).

2018년 늦가을

미가엘성당에서 **이주엽**

|차례

머리글

심리학과 신화의 세계

> 신들이 많은 까닭은 인간이 다양하다는 사실에 상응한다.
>
> _ C. G. 융

엑스타시Ecstasy. 한때는 신의 총애를 받는 일이요, 신이 유한한 인간을 평범한 현실에서 벗어나 더 높은 세계로 들어 올려주는 선물이었다. 엑스타시가 사람을 변형시키는 불길은 자신과 영혼 사이의 장벽을 불살라버리고, 자신이나 우주를 더 심오하게 이해하는 선물을 안겨준다.

현대 서구 사회의 가장 큰 비극은 엑스타시Ecstasy와 조이Joy 기쁨, 환희가 사람을 변화시키는 힘을 더 이상 경험할 수 없게 된 점이다. 이 상실이 우리 삶 전반에 영향을 미치고 있다. 어디서나 엑스타시를 찾고, 잠시는 찾은 듯이 느낄 수도 있다. 그러나 심층을 보자면 늘 채워지지 않은 채 남아 있다.

물질 중심 사회는 우리가 손에 쥘 수 있는 것만이 실재
요 '은행에 가져갈 수 있는 것'만이 가치가 있다고 가르친다.
우리의 영은 어느 때보다도 자양분이 필요하다. 하지만 신
성한 엑스터시의 내적 경험이 삶에서 사라졌기 때문에 물
리적으로 이를 대체할 것만 찾게 된다. 이때 아무리 저급한
엑스터시의 유사한 경험을 반복하여 축적할지라도 우리는
계속 무언가를 더 갈구한다.

이 갈망이 우리 시대의 가장 큰 특징이라 할 징후를 낳
는다. 중독행위가 그것이다. 너무나 많은 사람들이 중독에
빠져있다. 설령 내가 아닐지라도 친척이, 친구가, 아니면 유
명인이 중독에 빠져 있다. 이런 사람들을 어떻게 알아볼 수
있는가? 성공 가도를 달리는 젊은 사업가는 코카인이 있어
야 경쟁력을 유지할 수 있다고 생각하고, 직장과 가정을 동
시에 돌보는 슈퍼 엄마는 신경안정제가 없으면 버틸 수가
없다. 어려움을 겪는 간부들은 퇴근 후 한두 잔 하지 않으
면 긴장이 풀리질 않는다. 어린아이들도 일찌감치 거리에
서 마약에 접한다. 이들은 이미 우리 사회에서 감정의 파산
에 영향을 받는 존재들이기 때문이다. 대학생들이 파티에
가는 이유는 술이나 마약에 취하기 위해서다. 과속을 즐기
는 운전자는 속도의 스릴에 중독되어 있다. 내부 기밀 유출

자는 빨리 돈을 버는 즐거움에 중독되어서 그렇게 하기도 한다. 연인을 계속 갈아치우는 사람은 낭만적 사랑의 첫 격정에 중독되어 있다.

중독은 영적 추구의 부정적 측면이다. 우리가 찾고 추구하는 것은 영의 기쁨이다. 그런데 우리는 자신을 끊임없이 괴롭히고 잠식시키는, 만성적 공허를 결코 채울 수 없는 일회적인 물리적 스릴만으로 이를 얻으려 한다.

공허를 채우기 위해서는 우리 내면에 잠들어 있는 엑스타시의 능력에 다시 연결될 필요가 있다. 그 첫걸음은 엑스타시의 본성을 이해하려고 노력하는 일이다.

나도 그랬지만 사람들은 신화를 활용해서 심리 과정을 설명하려 든다. 내가 쓴 『신화로 보는 남성성, He』(로버트 존슨/고혜경 옮김, 2009, 동연)라는 책은 파르지팔과 성배의 전설을 통해 남성 심리를 탐구한 책이다. 트리스탄과 이졸데 이야기는 로맨틱한 사랑을 탐구할 때 쓰인다(『로맨틱 러브에 대한 융심리학적 이해, WE』). 지금 이 책은 엑스타시의 본성을 디오니소스 신화를 통해 들여다본다.

고대 그리스에서 디오니소스는 술과 엑스타시의 신이었다. 디오니소스 신화와 그를 섬겼던 종파의 생멸은 어쩌면 우리 시대 엑스타시 경험의 실종을 가장 잘 설명해줄지 모른다.

이 책 1부에서는 엑스타시에 관해 디오니소스적 원형이 갖는 의미와 그 상실이 우리에게 던지는 의미를 탐구해볼 것이다. 2부에서는 우리의 타고난 권리인 진정한 기쁨을 되찾고 표현할 수 있는 길을 제시해보도록 하겠다.

원형:
인간 행동의 청사진

고대 그리스 세계는 신들이 이루고 결정하는 세계였다. 남신과 여신들이 벌이는 인간을 넘어선 행위에서 사람들은 일상생활의 드라마가 이루어진다고 보았다. 오늘날은 이 올림퍼스의 신들이 별로 어울려 보이지 않는다. 우리가 사는 세상은 보다 인간적인 잣대로 돌아가며 심리적인 힘들로 빚어지는 세계다. 현대인에게 올림퍼스는 그저 하나의 산일 뿐이다.

하지만 우리가 신을 찾을 올림퍼스가 없다고 해서 그것이 신들도 존재하길 멈췄음을 의미하지는 않는다. 그들이 대표했던 힘들이 지금은 현대인이 이해할만한 방식 곧 심리적 행동양식으로 표현될 따름이다.

심리학자 칼 융Karl Jung은 "우리가 올림퍼스를 믿지 않자 고대 그리스의 신들은 이제 증상으로 나타난다"라고 말했다. 제우스의 천둥번개가 사라진 대신 우리에겐 두통이라는 증상이 있다. 에로스의 화살은 사라졌지만 가슴통증이 우릴 덮친다. 디오니소스의 엑스타시를 잃은 대신 중독 행위가 만연한다. 우리는 이제 그 신들을 인지하지 못하지만 그들의 강한 힘은 여전히 경험되고 있다.

융은 증상 배후의 힘을 일러 원형Archetypes이라 했는데 그 말은 원래 "첫 번째 무늬"라는 뜻으로 인간이 모두 공유하고 있는 기본적 충동과 속성의 청사진을 가리킨다. 우리는 자신을 고유한 개인으로 생각하는 경향이 있고, 그것은 어느 정도는 사실이다. 하지만 가장 깊은 심층에서 우리는 이 충동과 행동의 원형들을 공유하고 있다. 다만 그 표현을 각자 자기 나름대로 하고 있을 따름이다.

우리는 매일 원형들이 표현되는 것을 본다. 예를 들어 어느 여성을 일러 "모성적"이라 표현한다. 왜냐하면 그 여성이 세심하게 마음 쓰고 돌봐주는가 하면 매우 현실적이기도 하기 때문이다. 아니면 어떤 공격적인 남성을 일러 마초라고 하면서 "자기가 람보인 줄 아는 모양"이라고 표현한다. 이렇듯 구체적인 행동의 서술과 함께 잘 어울리는 원형이 등장하는 것이다. 그리고 듣는 사람도 얼른 무슨 의미인지 알아차린다.

융은 그리스의 신들을 완벽한 원형으로 보았다. 그 신들은 특성이 분명하고, 그가 무슨 일을 벌일지 예측 가능하다. 자기 전형에서 벗어나는 일은 일체 없다. 예컨대 올림퍼스에서 가장 높은 신 제우스는 늘 사랑에 빠진다. 그래서 제우스의 아내이자 혼인의 여신인 헤라는 항상 질투하고, 보복하며, 해코지하려 든다. 헤라가 제우스나 그의 연인을 용서하는 일은 전혀 전형적이지 않다. 오히려 헤라는 늘 계획을 세우고, 음모를 꾸며 차가운 복수를 단행한다. 그녀는 질투하는 부인의 원형인 것이다.

인간 행동의 기본적인 형태와 결은 바뀌지 않는다. 다만 시대와 장소에 따라 옷을 갈아입고 몇 가지가 더해져 표현될 따름이다. 서양에서는 심리적 원형의 표현을 종종 영화배우에게서 찾는다. 예를 들면 마릴린 먼로는 사랑의 여신, 비너스 혹은 아프로디테에 해당한다. 존 웨인은 전쟁의 신으로 아리에스 혹은 마르스에 해당한다. 물론 우리는 원형을 억눌러 지하로 몰아낼 수 있다. 하지만 머지않아 원형은 다시 출현한다. 낯선 형태로 돌아올 수도 있지만 같은 원형적 에너지가 추동하고 있는 것이다.

신화와 집단무의식

현대인들은 신화와 허구를 동일시한다. 내가 아는 사람 하나는 이렇게 말한다. "신화나 전설이나 그게 그거 아니야? 전설엔 약간의 진실이 눈곱만큼 들어갈 수도 있겠지만 신화는 완전 허구 아니겠어?" 우리 사회 대다수가 이런 견해에 동의할 것이다. 그들은 신화란 과거의 죽은 사회에나 속하는 것이고, 원시 사회나 애들한테나 적합한 이야기로 생각한다. 그건 정말 실수다.

앞으로 살펴보겠지만, 오히려 신화는 우리 삶과 밀접한 관련이 있다. 신화의 생명력은 원형에 있기 때문이다. 우리가 융처럼 신화를 본다면 그 안에서 인간의 기본적인 충동들이 어떻게 상호작용하는지 발견할 수 있을 것이다. 이때 신화는 우리의 심리적 동기에 대해 대단한 통찰을 제공하는 자원이 된다.

신화를 꿈과 같은 성질을 갖고 있다고 생각하는 사람들이 많다. 둘 다 환상적인 사건과 이미지들로 가득하고, 깊은 심리적 진실을 우리에게 들려준다. 꿈은 무의식이 의식에게 상징을 통해 메시지를 보내는 것이다. 마찬가지로 신화도 인간의 집단 사이키의 심층이 전해주는 메시지이며, 우리 시대의 문화와도 통할 수 있는 것이다. 이 심층을 융은 집단무의식이라 했다. 꿈을 이해하면 숨겨져 있던 자신의 한 단면과 만나게 된다. 신화의 내적 의미를 이해하면 우리는 전체 인간성과 접하는 셈이다. 인간이 공유하는 집단무의식의 풍부한 이미지들을 신화를 통해 교류하는 것이기 때문이다.

집단무의식을 우리 모두가 거기서 태어난 거대한 바다라고 생각하면 좋다. 이 바다에는 감정과 생각, 능력, 행동, 실수, 미덕들이 모두 들어있는데 우리는 그중 어떤 것을 자신과 동일시한다. 그 거대한 바다에서 개인의 의식적 자아, 에고, 모든 '나'들이 태어난다. 설령 누가 자신이 혼자라고 느낄 때조차도 우리 모두의 심리적 고향은 변함없이 존재하고 있음을 기억하는 것이 중요하다. 집단무의식이 우리의 심리나 영을 양육해주는 곳이요, 내면 생활의 재료를 제공받는 출처다. 융은 이렇게 말한다.

분명히 의식은 스스로를 만들지 못한다. 알 수 없는 심연에서 솟아났을 뿐이다. 어린 시절 의식은 점차 깨어나서 일생에 걸쳐 아침이면 깊은 잠, 그 무의식 상태에서 벗어나 나온다. 마치 무의식이라는 태고의 자궁에서 매일 아이가 태어나는 것처럼 말이다. 신화 속 드라마와 원형적 등장인물들은 바로 이 집단무의식의 지혜를 전해주기 때문에 그토록 오랜 세월 신화가 보존될 수 있었던 것이다.

무의식과 소통하기

신화가 단순한 이야기 차원을 넘어서 우리 마음에 와 닿을 때는 신화를 심리적으로 깊이 이해하는 경험을 하고 있는 것이다. 신화 속 원형과 자신을 동일시하고 깊이 이해하는 과정이 내면에서 벌어지면 우리는 인격적으로 변할 수 있다. 신화를 심층에서 이해한다는 것은 의식적 자아와 무의식적 자아 사이에 소통이 일어나는 것이며, 이로써 인생에 관한 중요한 것을 깨닫고 삶 또한 풍성해진다.

어떻게 이 두 상이한 자아 사이에 소통이 일어나는 것일까? 융은 에고가 집단무의식에 대해 갖는 관계를 코르크 마개가 바다에 둥둥 떠다니는 것과 같다고 말했다. 다만 에고는 의식을 갖고 있다는 점이 다를 뿐이라면서 말이다. 그래서 의식은 무의식과 대화를 나눌 수 있다. 그리고 이러한 대화를 통해 우리는 전체성을 향한 여정의 걸음을 내디딜 수 있다.

그런데 의식의 자아와 무의식의 자아를 다시 만나게 하려면 양자 모두를 존중해 주어야 한다. 즉 에고를 "죽여야"

하는 것도 아니고, 원형의 힘을 억눌러야 하는 것도 아니다. 그저 원형을 이해하려고 노력하고, 만나서 이를 나름의 방식으로 표현할 필요가 있을 따름이다.

융에 의하면 에고는 매우 중요하고 가치 있는 임무를 지니고 있다. 의식과 무의식의 영역을 통합해내도록 돕는 것이다. 무의식의 바다에 빠져 익사하는 것이 에고의 운명이 아니다. 반대로 목욕탕의 물을 빼듯 바다를 사라지게 만들고, 의식 위주로 남는 것도 아니다. 깨어있는 의식의 영역과 신화의 영역을 모두 존중해줄 때 우리는 진정으로 자신을 이해할 수 있게 된다.

신화의 세계에서 살기

현대 서구인이 신화의 세계를 타당한 것으로 받아들이기란 쉬운 일이 아니다. 신화를 허구로 생각하는 데 익숙하기 때문에 신화를 삶의 필수불가결한 일부로 받아들이는 사람들을 쉽게 무시하곤 한다. 무지하거나 유치하다고, 물리적 세계의 실재를 제대로 이해하지 못한다고 여기는 것이다.

신화나 동화를 유아기에만 귀속시키는 것은 다분히 현대적 현상이다. 20세기 이전만 해도 신화나 동화는 문화 전체의 지혜를 담아둔 저장고였다. 사람들은 그 안에 상징적으로 담겨 있는 심리적 힘을 깊이 이해하고 또 존중했다. 그로써 일상의 영적 차원을 경험하고 생활하는 일이 가능했기 때문이다.

고대 그리스인들에게 올림퍼스의 신들은 허구가 아니었다. 천둥 번개를 볼 때마다 제우스를 떠올렸을 뿐만 아니라 거기에 상응하는 심리적 세력 또한 떠올렸던 것이다. 하지만 현대인이 천둥 번개를 보면 날씨 변화를 떠올리며 어쩌면 아홉 시 뉴스의 일기예보를 봐야겠다는 생각을 할지도 모른다.

이렇게 시각의 차이는 삶 전체에 영향을 미친다. 원시 부족사회가 가뭄을 만나면 우선 자연의 힘에 호소해야 하겠다는 생각부터 할 것이다. 그래서 구름 속에 살고 있는 비의 신에게 빈다. 하지만 우리는 작은 비행기를 이용해 구름에 약을 살포해 비가 내리게 만들려고 든다. 부족민은 모든 힘을 모아 무언가 무의식 차원에서 변화를 일으키려 들 때 현대인은 무의식 같은 것은 그냥 묵살해버린다. 그런 건 "사실"이 아니기 때문이다. 이런 차이 때문에 현대인들은 적합한 변화를 시도하지만 그것이 다 신중한 변화를 가져오지는 못하게 된다. 그저 눈앞에 필요한 것만 채우려들지 전체 시스템에 필요한 걸 생각하지 않기 때문이다. 우리가 선택하는 행동에 어떤 무의식의 힘들이 결부되는지, 긴 안목으로 볼 때 그 행동이 어떤 결과를 낳을지 우리는 알지 못한다.

이러한 오류를 바로잡으려면 이제 아이들이 아니라 어른들의 사고 세계에도 신화를 불러내야만 한다. 과학이 설명하는 외부 세계에 대한 판단 못지않게 신화가 말해주는 내면세계도 고려하고 거기 맞출 줄 아는 법을 배워야 한다. 신화를 우리 내면세계에 대한 생생한 그림으로 알고 수용할 때라야 제대로 된 변화를 이룰 수 있다.

1

희열Ecstasy,
기쁨Joy의 심리학 이해하기

기쁨, 신들이 일으키는 신성한 불꽃,

엘리시움의 딸이여,

우리는 그대의 성소에 들어가

그대 불꽃에 취하나니

그대의 마법은 재결합시키노라,

관습이 근엄하게 분리시킨 것을.

모든 이가 형제가 된다,

그대의 부드러운 날개가 머무는 곳에서.

_ 쉴러, 〈기쁨의 송가〉

엑스타시, 그 디오니소스적 경험이 지성에서는 낯선 것일 수 있다. 그러나 엑스타시를 경험할 때 우리는 오래 잊었던 자신의 일부, 우리를 진정으로 생생하게 만들고 모든 살아있는 것과 하나로 연결되는 내면을 알아본다. 그리스 신화에서 이 잊었던 자아의 면을 대표하는 신이 디오니소스다.

다음 장에서 디오니소스 신화를 읽을 때 신화란 우리의 내면세계를 이루고 있는 힘과 행동, 본능의 그림임을 기억하라. 디오니소스는 감각의 비합리적 세계를 상징하는 복잡한 인격으로서 규칙과 제한의 합리적 세계와 상호작용한다.

반신반인인 디오니소스는 그 어떤 신보다도 변신술에 능하다. 사자, 수사슴, 염소, 표범, 남자, 신 등으로 변화무쌍하게 모습을 취한다. 이렇게 역동적이고, 힘 있고, 늘 다양하게 변신하는 모습은 디오니소스라는 원형에 아주 적합한 것이다. 신화에서 독자는 디오니소스의 다양한 면을 접하게 되는데 디오니소스는 실로 신성한 엑스타시의 인격화로서 초월적 기쁨이나 광기를 일으키는 존재다. 그는 염소처럼 우리를 예상치 못한 짜릿함으로 발끝으로 서서 껑충거리게 만들고, 술의 인격화로서 영적 초월성이나 물질적 중독을 일으킨다.

디오니소스가 도무지 그리스신화의 다른 신들과 같지 않다고 느껴지더라도 이상할 게 없다. 이 활기차고 변화무쌍한 존재는 올림퍼스의 신들 가운데도 매우 독보적이다. 올림퍼스의 신들이 가부장적이라면 디오니소스 같은 신비로운 신은 다분히 모계적母系的이다. 올림퍼스 신의 형태는 엄격하게 정해져 있고, 모두 인간적이다. 그래서 동물적 형태를 잃었고 동시에 에너지를 변환시켜 전달하는 마법적 능력 또한 상실했다. 즉 이상적이고, 합리적이고, 인간사에 초연한 불사의 존재들인 올림퍼스의 신들은 우리에게 감동을 주기엔 너무 수학적이라는 인상을 준다. 또 이 신들은 태어나 자라고 발전한 존재들이 아니라 나팔소리와 함께 불현듯 등장한다. 여자에게서 태어나거나 땅이나 물질에서 나온 것도 아니고, 그저 자신의 절대의지로 출현한 존재인 것이다. 올림퍼스의 신은 인간의 형태를 했을지라도 정적static인 완전 상태를 대표하는 존재로 다른 모습으로 바뀌거나 엑스타시를 통해 변화되지 않는, 그야말로 지적 관념과 같은 존재다. 그러므로 모든 피조물과 얽혀 마법적으로 진화하게 하는 힘으로 연결되는 일 따위는 없다. 신은 그저 관념이고, 신의 세계란 기계적이다.

이런 점을 염두에 두고 이제 디오니소스 신화를 읽도록 하자. 그의 탄생 신화를 읽으면서 독자는 디오니소스가 과연 어떻게 살아남을 수 있었는지 궁금해질 것이다.

디오니소스 신화

나는 제우스의 아들 디오니소스,

내가 태어난 이 땅 테베로 돌아왔다.

내 어머니는 카드무스의 딸 세멜레,

불이 산파가 되어 돕고,

한바탕 번개로 나를 낳았다.

나 여기 이렇게 있노라,

암행하는 신,

인간으로 위장하여.

_ 에우리피데스, 『박카스 신에게』

그리스신화의 어느 신도 디오니소스처럼 세상에 등장하
지 않는다. 디오니소스의 아버지는 제우스로서 "빛의 소나기"란 뜻의 이름이다. 하늘의 주인이요 천둥 번개의 신으로 올림퍼스의 모든 신들 가운데 가장 강력한 존재다. 그런데 여성 편력이 심한 제우스는 신이든 인간이든 상관하지 않고 수없이 사랑에 빠진다. 그의 아내인 헤라Hera여신은 당연히 분노하고 질투한다. 그래서 헤라는 제우스의 외도에 끊임없이 복수하려 하고, 영원히 꾸짖고 노여워하는 상태에 놓여 있다.

불에서 태어나다

하루는 제우스가 지상을 여행하고 있었다. 위장한 모습이었는데 그렇지 않으면 유한한 인간은 그를 쳐다볼 수도 없고 그 앞에 살 수도 없었다. 그는 그리스의 옛 도시 테베에 왔는데 그곳에서 카드모스Cadmus왕의 딸 세멜레Semele와 한순간 사랑에 빠진다. 둘의 열정은 뜨거웠고 머지않아 세멜레는 임신을 하게 된다.

세멜레는 제우스의 진실한 사랑 외에 바라는 것이 없었다. 그런데 헤라가 산파로 위장하여 세멜레를 채근하기 시작했다. 견디다 못한 세멜레는 제우스에게 도움을 요청한다. 이때 제우스는 몹시 상기되어 있었고, 세멜레를 사랑했기 때문에 어리석은 맹세를 하고 만다. 저승에 있는

삼도천*을 두고 깰 수 없는 약속을 한 것인데 세멜레가 원한다면 무엇이든 가질 수 있게 하겠다는 것이었다.

순진한 세멜레는 이 천둥 번개의 신 제우스의 진면목을 볼 수 있게 해달라고 했다. 제우스는 경악한다. 그의 신성을 목도하는 순간 세멜레는 죽을 수밖에 없기 때문이다.

"안 돼!" 제우스는 고통스럽게 소리쳤다. "그것만은 안 돼. 그대는 지금 무얼 청하고 있는지 몰라." 하지만 세멜레는 고집을 부렸고, 슬프게도 제우스는 맹세 때문에 청을 들어줄 수밖에 없었다. 그가 위장을 벗고 불타는 광채를 드러내자 세멜레의 불행한 육체는 온통 재가 되었다. 다만 상아를 둘렀던 자궁만이 재가 되어 사라질 운명을 피해 살아 남았다(상아는 신의 광채를 견딜 수 있는 지상의 유일한 물질이라고들 한다).

제우스는 분노했다. 그는 불길을 피한 자궁에서 태아를 꺼내 자기 허벅지를 가르고 그 속에 우겨넣었다.

아기는 제우스의 허벅지에서 자라났다. 그 속에서 달이 찰 때가 되자 아기 신 디오니소스가 탄생한다.

이 불의 아이는 전에 없던 새로운 힘이었다. 그래서 지

---

* 삼도천(三途川)은 이승과 저승을 나누는 경계선에 있다고 하는 강이다.

상의 첫 신인 타이탄Titan, 본능의 남성성을 나타내는 이 힘센 존재들조차 겁을 먹었다. 타이탄들은 잔인하게도 아이를 갈가리 찢어 끓는 물에 던져버린다. 이들은 도무지 이 낯선 존재를 세상에 용인할 생각이 없었던 것이다!

그러나 디오니소스는 죽지 않았다. 그가 찢길 때 핏방울이 떨어진 곳에서 다산의 상징인 석류나무가 솟았고, 제우스의 어머니 레아가 디오니소스를 다시 탄생시켰다. 이렇게 아기 신 디오니소스는 세 번 다르게 태어난다. 한번은 인간 어머니의 태에서, 또 한 번은 불멸의 신인 아버지의 허벅지에서 그리고 마지막으로 땅의 지혜를 상징하는 할머니를 통해서 탄생했던 것이다. 대체 이 신이 어떤 존재인지 궁금증을 일으키는 별난 탄생 이야기이다.

어린 신

세멜레의 자매이자 디오니소스의 이모인 이노Ino와 그 남편 아타마스Athamas가 아기를 맡아 기르게 되는데, 이들은 헤라가 알아차릴 수 없게 디오니소스를 여자아이로 위장시킨다. 하지만 헤라는 속지 않고, 분노하여 디오니소스의 이모와 이모부를 미치게 만든다.

이때 제우스가 황급히 그의 전령 헤르메스를 파견한다.

그는 디오니소스를 염소로 둔갑시킨 다음 아름다운 니사_{Nysa}산으로 데려간다. 거기서 디오니소스는 산과 숲의 여성 정령인 님프들한테서 자라게 된다.

님프들은 이 아이를 사랑했다. 그래서 동굴에 집을 지어주고 꿀을 먹여준다. 디오니소스는 이렇게 산기슭에서 자유로이 뛰놀고, 자연의 광영에 둘러싸여 땅이 주는 감각적 즐거움을 익히며 성장한다. 그에게 가르침을 준 선생들도 다양하다. 뮤즈_{Muses} 신들은 시와 음악을 가르쳐준다. 반인반수의 사티로스_{Satyrs}들은 춤과 뜨거운 성의 경이로움을 알게 해준다. 반은 말이고 반은 인간인 샘과 강의 신 실레니들은 온갖 지혜를 전해준다. 그리고 늘 술에 취해 있는 노인 실레노스는 디오니소스의 멘토로 그에게 덕행을 가르쳐준다.

디오니소스는 많은 걸 배우며 행복한 나날을 보낸다. 포도나무가 뜨거운 태양열과 촉촉한 봄비로 자라듯 디오니소스도 불에서 태어나 산에 내리는 비에 젖으며 자라났다. 그는 포도나무의 힘을 완전히 이해했고, 어린 시절부터 청년 신이 될 때까지 술 만드는 기술을 익히며(일설에는 실레누스에게 배우며), 장차 인간에게 큰 기쁨과 비애를 안겨줄 힘을 갖게 된다.

마침내 디오니소스는 신으로 우뚝 선다. 그런데 헤라

역시 복수를 위해 이 순간을 기다렸다. 디오니소스를 알아볼 수 있게 된 헤라는 저주를 퍼부어 그를 미치게 만든다.

디오니소스의 여행

미쳐 날뛰는 디오니소스는 니사산의 자기 집을 떠나 세상을 이리저리 여행하며 떠돈다. 미치긴 했어도 디오니소스는 힘을 가진 신이다. 가는 곳마다 술 만드는 기술을 퍼뜨리며 사람들이 자신을 숭배하게 만든 것이다.

디오니소스는 늘 떼거리를 몰고 다녔다. 그의 스승인 뚱보 주정뱅이 실레누스는 나귀 위에 위태롭게 비틀거리며 동행했고, 이빨을 드러내고 비웃는 사티로스, 즐거운 님프, 껑충거리는 켄타우로스들에다 온갖 숲의 정령들이 그의 주변을 뛰고 춤추며 따라다녔던 것이다. 그리고 마이나스Maenads라 불리는 인간 광녀들이 그의 시녀 노릇을 했다. 산을 뛰어다니는 이 미친 여자들은 노래하고 춤추며 피의 향연으로 신을 예배하던 고대 여성 신비 제의의 기원이다. 아무튼 디오니소스는 이 무리들과 함께 고대의 세계를 거친 즐거움의 축전으로 종횡무진 누볐다.

오래지 않아 할머니 레아가 이 젊은 신의 광기를 정화한

다음 자신의 신비, 여성의 신비에 들게 한다. 그러자 디오니소스의 힘이 비할 데 없이 증폭된다.

디오니소스는 가는 곳마다 사람들을 자신의 축제에 끌어들인다. 그러자 한 가지 사실이 확연해졌다. 디오니소스를 경배하는 사람들은 신적인 엑스타시를 경험하고, 그를 반대하는 사람들은 광기를 경험한다는 사실이다.

왕들이 디오니소스를 반대한 것은 법과 질서를 수호하는 그들의 입장에서 볼 때 디오니소스가 정반대의 존재였기 때문이다. 디오니소스가 트라키아(그리스와 터키의 접경 지역)를 밀고 들어갔을 때 그곳의 왕 리쿠르구스는 격렬하게 저항하며 전투를 벌여 디오니소스 무리를 포로로 잡는다. 그러자 디오니소스는 바다의 님프 테티스Thetis와 함께 심해에 몸을 숨기었다.

그런데 레아가 리쿠르구스를 미치게 만드는 바람에 그는 자기 아들 드뤼아스를 난도질해 죽인다. 아들을 포도나무로 착각한 것이다. 그 광경에 트라키아 땅은 주춤했고, 황무지로 변해버리고 만다.

이때 디오니소스는 심해에서 의기양양하게 솟아올라 이제 트라키아는 리쿠르구스가 죽지 않는 한 다시는 번영하지 못할 거라고 선언한다. 그러자 트라키아 백성은 굴복하여 자기네 왕의 팔다리를 말에 묶어 갈가리 찢어죽게 만든다.

테베의 왕 펜테우스Pentheus는 디오니소스의 사촌이지만 다른 왕들보다 나을 게 없었다. 디오니소스가 테베 여인들을 불러 자기를 새로운 신으로 경배하게 했다. 펜테우스 왕은 이 거친 무리가 몹시 거슬렸고, 결국 모두 체포하라는 명령을 내린다.

테이레시우스라는 늙은 장님 예언자는 신의 뜻을 잘 아는 인물인데, 그는 펜테우스 왕에게 디오니소스는 본인의 주장처럼 새롭고도 중요한 신이라고 경고했다. 하지만 펜테우스는 테이레시우스를 조롱하며 디오니소스 면전에서 그의 경고를 무시한다.

그런데 펜테우스 왕의 부하들은 아무리 해도 디오니소스와 그의 무리를 옥에 가둘 수가 없었다. 디오니소스와 축제를 벌이는 거친 무리는 산언덕으로 달아난다.

분노로 눈이 먼 펜테우스는 이들을 끝까지 추적하는데 이때 테베의 많은 여인들과 동행한다. 여인들 가운데는 펜테우스 왕의 어머니와 이모들도 있었다. 그런데 이 여인들이 광기에 휩싸여 펜테우스를 짐승이라고 착각한 나머지 살의에 불타 광포하게 달려들어 그를 찢어죽이고 만다.

이러니 디오니소스 경배를 거절하는 것은 위험천만한 일이었다. 오르코메노스의 세 여인이 디오니소스를 거절했을 때 그는 여인들에게 광기를 불어넣어 하나는 사자로, 다른 하나는 황소로, 또 하나는 표범으로 만들어 버렸다. 마침내 세 여인은 그들 스스로 새가 된다.

다른 변신 이야기에서 디오니소스는 그가 지닌 힘의 또 다른 면을 드러낸다.

하루는 그리스 해변을 지나던 해적들이 해변에 앉아 있는 젊은이를 목격한다. 젊은이가 너무 잘 생겼기 때문에 해적들은 그가 귀족임에 틀림없다고 생각했고, 인질로 잡으면 대가를 두둑이 받을 수 있을 거라 여겼다. 욕심이 난 해적들은 젊은이를 붙잡아 배에 태웠다.

해적들은 그가 달아나지 못하도록 밧줄로 묶는다. 하지만 펜테우스 왕처럼 그들도 젊은이를 묶을 수 없다는 사실을 발견한다. 자꾸 매듭이 풀렸던 것이다. 해적선의 조타수는 자기네가 불현듯 신을 잡아왔다는 사실을 깨닫는다. 그래서 그는 다른 해적들에게 젊은이를 놓아주자고 간청한다. 그러나 해적들은 말을 듣지 않았다.

그러자 이상한 일이 벌어졌다. 바람이 불고 돛이 부풀어 올랐지만 배는 움직이지 않았다. 순식간에 술의 물결이 갑판을 들이치기 시작했고, 포도넝쿨이 돛을 뒤덮는가 하면, 덩굴과 과일, 꽃이 돛대를 휘감으며 올라갔다. 디오니소스는 한 순간 사자로 변했다. 놀란 해적들은 바다로 뛰어들었는데 그들은 돌고래로 변신하여 어디론가 사라졌다. 신인 디오니소스를 알아본 조타수만 무사히 살아남았다.

디오니소스는 그리스 인근 해역을 헤집고 다녔다. 하루는 낙소스Naxos섬에서 크레테왕 미노스의 딸 아리아드네를 발견한다. 아리아드네는 아름다운 여인이지만 남편 테세우스에게 버림을 받았다. 그런 아리아드네와 디오니소스는 사랑에 빠져 결혼하게 되었고 결혼식에는 신들이 참석한다. 이들의 결혼은 완벽한 결합이었다. 서로 다투는 일도 없었고, 둘 사이에는 많은 자녀가 태어난다. 하지만 유한한 인간인 아리아드네는 마침내 죽고 만다. 아리디오니소스는 아드네를 기려 그녀가 썼던 왕관을 별들 사이에 놓았는데, 그것이 오늘날 북쪽 왕관자리이다.

올림퍼스의 디오니소스

디오니소스의 엑스타시 및 광기의 이야기는 세상에 퍼졌고, 아시아와 아프리카, 유럽이 모두 디오니소스의 힘을 인정하게 되었다. 마침내 오랫동안 존경받던 화로火爐의 여신 헤스티아Hestia가 올림퍼스의 자기 자리를 디오니소스에게 물려주고 내려온다. 그리하여 디오니소스는 자기 아버지 제우스 오른편에 앉게 된다.

이렇게 사랑받는 신으로 마침내 올림퍼스에 좌정하게

된 디오니소스는 행복했지만 한 가지 아쉬움이 남아 있었다. 한 번도 본 적이 없는 어머니를 만나는 일이다. 그래서 그는 다시금 항해에 나서기로 결심한다.

죽음과 용감히 맞선 디오니소스는 어머니 세멜레를 지하세계에서 구출하여 올림퍼스로 데려와 불멸의 신들과 함께 살게 한다. 그리고 그녀의 이름을 "엑스타시ecstasy"를 의미하는 티오네Thyone로 바꾼다.

디오니소스의 신화는 공식적으로는 여기서 끝난다. 하지만 디오니소스는 이후에도 행복하지 못했다. 인간 정치인들이 그를 올림퍼스 산에서 축출해버리고 만다. 로마인들이 그랬고, 유대인들이 그랬으며, 그리스도인들도 마찬가지였다.

꿈과 신화의 영역에 봉인된 그의 에너지가 다시 우리 의식에 돌아오고 있다. 우리가 기꺼이 그를 맞이하고 이해하고자 한다면 우리는 이 원형의 힘을 통해서 인생을 변화시킬 수 있을 것이다.

엑스타시란 무엇인가?

"엑스타시는 전혀 맞지 않는 말이야," 장인은 한참 생각
하더니 이렇게 말했다. "그 말을 들으면 뭔가 속된… 그런
엑스타시가 생각난단 말이지."

_ 존 디디온

디오니소스는 그리스 신들 중에서도 가장 중요한 신이
다. 하지만 가장 오해받는 신이기도 하다! 그에게 부여된
명칭과 자질의 많은 것들이 그를 즉각 파악하기 힘들게 만
든다. 술의 신이고, 방종의 신이기도 하며, 위대한 해방자
요, 엑스타시의 신이기도 하니 말이다. 그는 봄마다 새로 탄
생하는 생명의 대명사이기도 하고, 감각의 비합리적 지혜
및 영혼의 초월을 대표하는 신이기도 하다.

디오니소스는 천상의 번개 신 제우스나 천상과 지상의

세계를 오가는 전령 헤르메스처럼 단순하지가 않다. 정적$_{static}$이며 추상적$_{abstract}$인 올림퍼스의 신들과는 달리 디오니소스는 예측불가능하게 줄곧 변신하며 본성을 바꾼다. 그는 불에서 태어나 갈기갈기 찢긴 다음 죽은 것처럼 보이지만 포도나무처럼 늘 되살아난다. 비극적이면서 영웅적인 디오니소스는 술이 그렇듯 사람에게 광기와 엑스타시를 둘다 가져다주는 존재다.

서구 문명은 질서 잡힌 생활을 찬양한다. 그리고 "보는 것이 믿는 것"이라는 건강한 회의주의도 갖고 있다. 우리가 사는 세상은 사고, 논리, 진보, 성공 위에 건설한 세계이고, 그 한도 내에서 우리는 안전함을 느낀다. 하지만 오늘날은 과학자들조차도 이 안전한 한도라는 것 자체가 환상이라고 말한다. 양자물리학은 우주를 "춤추는 우주, 무한히 다양한 무늬로 전개되는 에너지의 끝없는 흐름"으로 우리에게 보여준다. 이것이야말로 디오니소스적 에너지, 광녀 마이나스$_{Maenads}$들의 춤, 우리 모두를 관통하며 흐름으로써 우리를 천지와 연합시키는 생명의 힘이다.

물론 독자는 그런 식으로 생각하지 않을 수 있지만 살면서 디오니소스의 에너지를 의식한 일이 없지 않을 것이다. 사랑하는 이의 눈을 보면서 시공을 넘어선 사랑을 느끼는 순간이 있었을 것이고, 자기도 모르게 기쁨에 소리치면서 신체의 세포를 가득 채우는 상쾌한 에너지를 경험하기도 했을 것이다. 하지만 아쉽게도 우리는 세상도, 우리 자신에 대해서도 지적으로 이해하는 일에 너무 많은 시간을 쏟는다. 그러다보니 우리의 정서나 비이성적 본성을 죄책감 없이 자유롭게 경험하는 일은 말라버렸다. 그런 것이 있는 줄도 모르고 사는 것이다.

디오니소스의 엑스타시는 심미의 세계, 즉 시인과 예술가, 꿈꾸는 자의 세계에서 발견할 수 있다. 이들은 감각을 통해 드러나는 영의 생명을 우리에게 보여주는 사람들이다. 이 세계를 관능의 세계, 쾌락만 있고 영은 빈곤한 유물론적 세계와 혼동하지 말라. 관능의 세계는 우리 주변에 널려 있다. 돈을 그 자체로 목적 삼고 추구하는 것, 공허한 쾌락을 필사적으로 좇는 모습들 말이다. 반면 심미의 세계는 자연의 열매가 풍성하다. 그것은 신의 영역이요, 신들의 정원이다. 얼마나 아름다운가! 누가 영이 희박한 관능의 세계에서 디오니소스의 심미 세계로 발을 옮기기만 한다면 그는 인생의 새로운 전기를 마련한 것이다.

디오니소스의 언어

사람들이 디오니소스적 경험을 이해하기 어려워하는 이유는 디오니소스에 관련된 용어와도 관계가 있다. 그 용어들을 새롭게 이해해보도록 하자.

불합리

디오니소스와 그의 세계를 우리는 보통 부정적인 의미로 불합리하다고 표현한다. 우리가 누구를 불합리하다고 할 때 그 사람이 이상하고, 상식적이지 않으며, 심지어 미쳤다고 생각하는 것이다. 혹은 그가 하는 말이 맞지 않고, 합리적이지 않다는 의미다. 하지만 불합리는 원래 이성적 사고 과정을 통해서가 아니라 감각을 통해 얻은 지식, 즉 비이성적 지식을 의미하는 말이다. 디오니소스적 불합리성이란 세계를 본능적으로 파악하는 것, 즉 추상적이고 논리적으로 거리를 두고 파악하는 것이 아니라, 심미적이고 직관적인 차원에서 아는 것을 말한다.

디오니소스적 Dionysian

'디오니소스적'이라는 형용사는 대다수 사람들에겐 편치 않은 말이다. 누가 디오니소스적 운운하는 말을 들으면

"아, 엑스타시의 원리를 말하는군! 영혼의 초월적 본성을 가리키는 말이지!" 하고 생각할 사람이 몇이나 될까? 별로 없을 것이다. 오히려 언짢아하면서 "디오니소스적이라니 무슨 말이야? 내가 진탕 취해서 무슨 난교 파티라도 벌였단 얘기야? 옷을 찢고 퍼마시고 아무나하고 섹스하고? 괜히 그런 말 해가지고 누구 직장 잃고 가정 파탄 나는 꼴이라도 보고싶은 거야?"라고 할 가능성이 높다.

난교 파티

불쌍한 디오니소스! 그에겐 정말 악평이 따라다닌다. 난교orgy란 말을 들으면 사람들은 움찔하지만 원래 그 말은 "디오니소스 신에게 바치는 예식"이란 의미이다. 전혀 속된 어감이 아니라 신적인 사랑을 표현하는 성스러운 단어였다.

엑스타시와 조이Joy

오늘날 서구 세계에서 엑스타시 운운하는 말을 들으면 사람들은 성인등급 영화를 떠올릴 것이다. 그토록 오해받는 이 말의 어원은 엑스 스타시스ex stasis, 즉 자기 바깥에 나가 선다는 뜻이다. 만약 내가 "나 지금 엑스타시 상태야! 내가 아닌 것 같아!" 하고 말한다면 지금 너무 강렬한 정서로 가득차서 몸도, 이성도 어쩌지 못하고, 사태를 이해하지도 못한다는 말이다. 다른 차원의 영역으로 들어가 엑스타시를 경험할 수 있게 되었다는 의미인 것이다. 디오니소스의 추종자들이 신의 술을 마시면 순간 일상생활 밖으로 벗어나 영적 엑스타시를 경험했듯이 말이다.

오늘날 이렇게 자기 바깥으로 벗어나는 경험이 드물다는 사실이 안타깝다. 세상은 너무나 우리와 밀착되어 있다. 우리는 쉴 새 없이 일하고, 생각하고, 계획하고, 행동한다. 무엇을 먹을까, 어디로 갈까, 가족을 부양하기 위해 무엇을 할까, 누구에게 투표할까 등등. 온갖 책임을 다하고 그럴 힘을 갖기 위해 스스로를 소진시킨다. 이런 식으로 오래 갈 수는 없다. 어떤 식으로든 파탄이 나게 되어있는 것이다. 그 압박에서 벗어날 필요가 있다. 한순간의 시간도, 공간도 없고, 어떤 책임질 일도 없으며, 어디 가지 않아도 되는 원초적인 장소에 머물 필요가 있다. 우리 밖으로 나가 서서 생명의 물결, 디오니소스적 에너지를 경험해야 하는 것이다.

조이는 엑스타시와 더불어 디오니소스적 속성의 또 다른 면인데 우리는 이것도 희석시켜 버렸다. 성탄절이면 "기쁘다, 구주 오셨네!"라는 캐롤이 들려온다. 『요리의 즐거움』 혹은 『섹스의 조이』 등의 책들도 읽는다. 정말 그런 것들이 조이일까?

한번은 친구가 내게 이런 칭찬을 했다. "로버트, 자네는 조이란 말을 쓸 줄 아는 아주 드문 사람이야." 좀 민망해진 나는 "그래?" 그러고 말았다. 하지만 그의 말은 뇌리에 남았다. 그런데 생각할수록 내가 그 말뜻을 잘 모른다는 사실이 확연해졌다. 그래서 사전을 찾아보다가 비교 대조하는 말들 가운데 내게 도움이 되는 정의 하나를 발견했다.

좀 놀란 것이 '행복'의 정의가 "우연, 행운, 요행히 생긴 것"이라는 점이었다. 그런데 '조이'는 사뭇 다르게도 "영의 환희, 기쁨, 즐거움, 천국 혹은 낙원의 지복至福"이라는 정의가 등장한다. 정말 다르지 않은가! 정의가 말해주듯 행복은 오래 가지 못한다. 그런데도 우리는 계속 행복을 경험하길 원한다. 행복해야만 하고, 행복이 마치 헌법이 보장하는 권리이기라도 한 양 행복을 주장한다. 그러나 사전이 말해주듯 행복이란 변덕스런 행운으로 다가온다. 그리고 오래 머물지 않는다.

그러니 스스로에게 이렇게 질문해보라. 우연이요 요행인 행복을 원하는가? 아니면 낙원의 지복인 조이를 원하는가? 둘은 가까워 보이지만 큰 차이가 있다. 조이를 추구하는 것은 디오니소스를 추구하는 것이다.

디오니소스의 흥망

사람은 사람에만 관심할 뿐 전체와 그 흐름을 잊어버린다.

_ 에즈라 파운드

우린 어떻게 디오니소스를 상실했을까? 심리학적 관점에서 디오니소스를 잃은 이야기란 합리성이 비합리성을 이긴 이야기요, 사고가 감정을, 힘과 공격성 및 진보라는 '남성적' 이상이 수용성과 성장 및 양육이라는 다소 막연한 '여성적' 가치를 능가해버린 이야기이다. 가부장적인 종교가 득세하면서 디오니소스의 오랜 모계적 방식은 쇠약해지다가 아예 사라져버린 것이다.

기원전 13세기경 디오니소스 숭배는 유럽과 아시아를 관통하여 퍼져 있었다. 디오니소스가 올림퍼스에서 헤스티아 여신의 자리를 승계했다는 기원전 6세기와 5세기 초만

해도 디오니소스를 섬기는 종파는 공인된 종교의 지위를 누리고 있었다.

고대 그리스인들은 포도나무가 잎을 내기 시작하는 봄이면 디오니소스 축제를 벌였다. 여느 축제와는 다른 유난스러운 축제였다. 사람들은 5일간 모든 일을 멈췄다. 이 기간에는 누구도 체포되지 않았고, 오히려 어떤 죄수들은 풀어주기까지 했다. 아마 가장 특이한 요소는 디오니소스 숭배가 신전 예식에 국한되지 않았다는 점일 것이다. 사람들은 성스런 연극으로 디오니소스에게 경의를 표했다. 디오니소스의 죽음과 재탄생을 기념하는 이 연극이야말로 고전 그리스 극장에 우리가 빚진 바이다. 디오니소스의 부활을 기리는 기쁨의 축제에서 희극이 등장했다. 그의 죽음을 애도하며 상징적으로 희생 염소를 바치며 부르는 노래 트라고이디아("염소 노래")에서 비극이 나왔다.

하지만 디오니소스의 영광은 지속될 운명이 아니었다. 그리스인을 뒤이은 로마인이나 유대인, 그리스도인들은 가부장적이며 법적인 종교를 중시하느라 디오니소스의 비이성적 익살과 도취를 친절하게 봐주지 않았다. 로마인들은 디오니소스의 계속해서 변모하고 염소 같은 성질을 재빨리 다른 것으로 변질시켰다. 이제 디오니소스는 술의 신이 아니라 바쿠스Bacchus라는 만취의 신이 되었다. 기원후 186년

경 로마는 디오니소스 숭배자, 즉 바쿠스교도들을 조직적으로 박해했다. 로마의 제도에 위협이 된다고 여겼기 때문이다. 바쿠스교도들은 비도덕적인 범죄자로 몰렸는데, 이때의 광기는 아메리카 식민지를 휩쓸며 수천의 무고한 생명을 앗아갔던 살렘 마녀사냥을 방불케 한다. 결국 로마 상원은 바쿠스, 즉 디오니소스 축제를 금지시켰고, 그때 이후 디오니소스는 공식적인 영역에서 자취를 감추게 된다.

이제 디오니소스 자리에 오른 건 로마인들이 격상시킨 아폴론인데, 그는 빛의 신으로서 원래는 델피신전에서 디오니소스와 함께 공경 받던 신이다. 아폴론은 점차 분석적 사고를 대표하고, 법과 질서를 옹호하는 신이 되었다. 예측 불가능하고, 비합리적이며, 엑스타시에 빠지는 디오니소스는 이런 구도에 어울리지 않았고, 오히려 적으로 여겨졌다. 공식적으로 주된 신은 "저 위" 하늘의 태양 아폴론이다. "이 아래" 땅 곧 디오니소스의 영역은 힘을 잃었다. 나중에 살펴보겠지만 디오니소스의 처지는 유대인이나 그리스도인들에 이르러서도 달라진 게 없다. 오히려 그들은 디오니소스의 염소 이미지를 악마의 상징으로 삼아버린다.

이것이 역사적으로 살펴본 디오니소스의 흥망사이다. 그러나 그가 퇴위된 데는 다른 이유도 있다. 심리적인 관점에서 어느 하나가 제대로 자리하기 위해서는 다른 하나가 잠시 뒤로 물러나야 할 때가 있다. 디오니소스의 경우가 그렇다. 인간의 집단무의식은 비합리성이 완전히 통제에서 벗어나기 전에 잠시 억눌러 두어야 합리성을 증진시킬 수 있다. 디오니소스를 잃은 건 안타깝지만 디오니소스적 윤리만이 기승을 부렸다면 오늘날 우리가 알고 있는 합리적이고 과학적인 문명은 등장할 수 없었을 것이다.

하지만 지금은 합리성이라는 종교가 갈 데까지 다 간 형국이다. 서구 사회가 영적 엑스타시를 상실함으로써 생긴 큰 공허함을 우리는 우리가 아는 유일한 방식으로 메우려 든다. 위험과 흥분으로 말이다.

엑스타시의 이면

산발적인 폭력이 샌프란시스코만 여러 지역에서 발생하
여 새해 벽두에 오점을 남겼다. 지역주민들은 서로 총질
하고, 칼로 찌르고, 폭발물을 터뜨림으로서 1987년을 시
작했다.

_ 1987년 1월 2일자 〈샌프란시스코 신문〉

디오니소스는 오늘날 이상한 곳에서 산다. 폭탄테러가
벌어지고, 방화가 일어나고, 암살사건이 발생했다는 기사
를 읽을 때 우리는 그때 느끼는 전율 속에서 사는 것이다.
아침에 조용히 조간신문을 읽고 있는데 어디선가 날카롭게
브레이크 밟는 소리와 함께 충돌 굉음이 들린다. 이때 우리
는 어떤 에너지가 덮쳐오는 걸 경험한다. 등줄기에 소름이
쫙 번지면서 "맙소사" 하며 자리를 박차고 사고를 보러 집

밖으로 나가는 것이다. 물론 이것은 저급한 디오니소스라 하겠고, 거의 지난 4천 년간 제대로 발휘해본 적이 없는 인간의 기본 충동에 벌어지는 일이다.

리쿠르구스Lycurgus가 디오니소스 무리를 몰아냈을 때 그는 골칫거리를 잘 제거한 것으로 생각했을 것이다. 하지만 디오니소스는 잠시 깊은 바다에 몸을 숨겼을 뿐이다. 그가 다시 수면위로 솟았을 때는 엄청난 폭력성을 수반하고서였다. 그것이 엑스타시의 이면이다.

불운한 리쿠르구스처럼 우리도 원형을 인정하지 못하고 억누를 수 있다. 원하는 만큼 아주 오래 말이다. 그러나 디오니소스가 깊은 바다에 잠시 몸을 숨기듯 원형은 없어지지 않는다. 우리가 원형을 인간적으로 대하지 못하면 원형은 비인간적인 모습으로 우리에게 되돌아온다. 원형의 에너지는 여전하지만 훨씬 원시적인 형태로 등장하는 것이다. 그 점에 대해 융 심리학자 마리 루이스 폰 프란츠는 도덕적이고, 통제 가능한 인간의 본능을 인정하지 못하고 거부하면 훨씬 거칠고, 파괴적인 것이 될 수 있다는 섬뜩한 풀이를 내놓는다.

충동이나 욕구가 꿈에 늑대나 호랑이(혹은 염소)로 나타난다면 무슨 의미일까? 심리적 내용물이 몸의 측면으로 잘못 밀려나 더 이상 인간적인 것이 될 수 없게끔 왜곡된다.

어떤 충동이 올라왔는데 그것을 제대로 살아내지 못하면 되돌아가 훨씬 반인간적인 성질이 되곤 한다. 인간적 충동이어야 할 것이 야수 같은 충동이 되는 것이다.

예를 들어 어떤 사람이 다른 이에게 뭔가 좋은 얘기를 해주고픈 마음의 충동을 느꼈는데도 그 마음을 눌렀다 치자. 그는 그날 밤 어린아이를 차로 치는 꿈을 꿀 수도 있다. 어린아이 수준에서는 그런 마음을 느꼈는데도 의식이 일부러 그 마음을 무시했기 때문이다. 그 사람은 그대로 있지만 내면의 아이는 상처를 받았다. 그런데 그런 식으로 한 5년의 시간이 흐르고 나면 더는 부상을 당하는 아이의 꿈은 꾸지 않지만 대신 철창에서 분노에 찬 짐승으로 가득한 동물원 꿈이 등장할 수 있다. 억누른 충동이 비인간적인 모습으로 되돌아오는 것이다.

정의定義하자면 신은 불멸이기 때문에 우리는 신을 죽일 수 없다. 마찬가지로 원형도 없앨 수가 없다. 원형은 우리의 기본적인 본능이기 때문이다. 다만 우리 내면 깊숙한 곳에 묻어둘 뿐이다. 원형은 우리가 살아내야 할 본성의 필수불가결한 요소이기 때문이다. 원형을 의식해서 삶으로 옮기고, 또 존중하지 않으면 폰 프란츠가 말하듯 "에너지는 여전하지만 비인간적인 모습으로 변하여" 우리에게 돌아오는 것이다.

이런 일은 개인 차원에서만이 아니라 집단무의식의 차원, 한 사회 전체의 정신Psyche에도 일어난다. 융은 그런 현상을 이렇게 말한다.

인간을 위협하는 대재앙은 물리학이나 생물학적 차원 만이 아니라 사이키Psyche의 사건이다. 우리를 공포에 떨게 하는 전쟁이나 혁명은 사이키의 전염병처럼 발생한다. 어느 한 순간 수백만의 사람들이 광기에 사로잡히면서 세계 대전이 일어나고, 혁명이 불길처럼 일어나는 것이다. 이제 현대인에게는 덤벼드는 맹수나 쏟아지는 돌무더기, 범람하는 홍수가 아니라, 집단 사이키의 원초적인 힘 앞에 노출되는 것이 문제이다.

내가 집단 사이키의 힘과 맞닥뜨린 것은 친구가 나를 에어쇼에 데려갔을 때였다. 그곳에 수천 명이 운집해 있었는데 나로선 그런 경험은 처음이었다. 친구가 말했다.

"이렇게 사람이 많으면 집단의식의 힘이 어마어마해. 저 사람들이 피를 원하면 정말 피를 볼 정도로 강한 힘을 낼 수 있다고."

바로 그때 우리 눈앞에서 작은 비행기 한 대가 추락해 불이 붙었다. 디오니소스적 에너지가 순간 군중을 관통하면서 모두 전율했고, 공포에 휩싸였다. 비록 끔찍한 형태이긴 하지만 신이 자취를 드러냈고, 사람들은 그 신 앞에 무릎을 꿇은 것이다.

엉뚱한 곳에서 엑스타시 찾기

현대 사회는 사고와 행동, 진보와 성공을 다른 무엇보다 우위라고 생각한다. 그래서 정상을 향하여 똑바로 나아가고 애써 일등 자리를 차지하려 한다. 눈앞의 일이 금전적인 보상이나 구체적인 이익과 관련이 없다면 그것은 우선순위에서 뒤로 밀린다. 그리고 우리는 마음대로 통제할 수 있는 걸 좋아하고, 통제할 수 없고 이해할 수 없으면 싫어한다.

힘과 성취를 강조하는 가부장사회가 선호하는 가치가 그런 것인데 우리는 나름 그 열매를 많이 누려왔다. 현대인이 발견, 사실, 과학, 기술에 매료된 결과 의료기술이 발달하고, 많은 생명을 구할 수 있었던 것이다. 그리고 기계가 우리 일상생활을 편리하게 만들어주었다. 그런데 이 모든 것은 불확실한 가치들, 예컨대 감정과 직관, 돌봄과 길러줌, 공감과 수용성 같은 디오니소스적 가치들을 희생시키면서 얻은 것들이다. 디오니소스적 가치들은 바로 가시적 성과를 얻을 수 없으므로 우리는 이를 폄하한다.

사실 우리가 갈망하는 것은 영적 엑스타시인데 우리는 물질적 성취로 이를 대신하려고 한다. 그렇게 환영을 뒤쫓다가 그것을 잡았다 싶으면, 즉 더 많은 돈과 음식, 섹스, 마약, 술 그리고 더 많은 망각을 겪은 뒤에 그런 것이 덧없는 것임을 깨닫는다. 그런 것들말고, 오래 지속되는 조이를 우리 삶에 초대했어야 하는데 말이다.

그러고 나면 무얼 할까? 이번에는 공허함을 채우기 위해 온갖 지식을 동원한다. 책을 읽고 강의를 들으면서 '답'을 찾는다. 하지만 답은 디오니소스의 감각세계에 있다. 그런데 우리는 그 답을 어디서 찾아야 하는지 잊어버렸다.

디오니소스 영양실조

우리는 디오니소스적 에너지라는 영의 양식 대신 순간 잊게 만드는 마약주사를 맞기로 선택한 셈이다. 그로 인해 현대인은 지속적으로 굶주린 상태에 놓여있다. 다음의 이야기는 그 사실을 생생하게 일깨워준다.

어느 영국 의사가 희한한 일을 겪는다. 힌두교도 인도인들이 먹는 음식에는 비타민 B_{12}가 소량 들어있다. 그 양으로는 토끼 한 마리가 살기에도 충분치 않다. 그런데도 인도인은 어떤 결핍증세도 보이지 않는다. 그래서 의사는 자신이 사람 몸에 필요한 비타민의 양에 대해 잘못 알고 있거나 아니면 인도인이 먹는 음식에 실제로는 더 많은 비타민이 들어 있을지 모른다고 생각했다. 그래서 그는 이 문제를 제대로 연구하기 위해 인도로 갔다. 그런데 데이터가 영 맞질 않았다. 분명히 힌두교 인도인들이 먹는 음식에 든 B_{12}는 토끼 한 마리가 살지 못할 정도의 양이다. 그런데 그들은 아무 문제가 없다. 혹시 기후 때문일까? 심리적인 원인일까? 의사는 힌두 인도인 한 명을 데리고 영국으로 돌아간다. 자기 연구소에서 보다 정밀하게 테스트를 해보려고 말이다.

의사는 인도인을 영국에서도 인도에서와 똑같이 먹도록 했다. 그런데 오래지 않아 그는 비타민 결핍증을 보이기 시작했다. 대체 이유가 뭘까? 답은 영국 음식이 지나치게 청결하다는 데 있었다. 인도 밀가루에 들은 바구미벌레(쌀벌레의 일종)와 과일에 든 벌레가 힌두 인도인들에게 생존에 필요한 최소한의 비타민 B_{12}를 공급해주었던 것이다. 그런데 위생 처리된 영국 음식으로는 이 최소한도의 일일 요구량을 채울 수 없었다.

비타민 B_{12}에 일어난 일이 디오니소스에게도 일어났다. 우리는 의식에서 그를 위생 처리해버렸다. 도덕적인 이유로 그를 거부하고 나니 나쁜 영양소만 남게 되었다. 밀가루 바구미벌레나 과일 벌레처럼 자동차 사고나 자극적인 머리 기사, 테러와 길거리 폭력, 술과 마약 같은 저질의 디오니소스적 영양소가 그나마 엑스타시와 비슷한 성질로 다가와 우리가 간신히 살도록 하고 있는 것이다.

그렇지만 중독이 그렇듯 우리는 늘 더 많은 것을 원한다. 정말 만족하려면 신적인 조이Joy가 필요한데 우리는 그와는 반대되는 것을 점점 더 탐닉한다. 그래서 절도가 강도가 되고, 강도는 폭력이 되고, 폭력은 총기 사용으로, 총기 사용은 폭탄테러가 된다. 이 악순환은 어디서 끝날까? 이것이 우리 사회를 물들이고, 삶의 모든 면에 영향을 주고 있는 중독행위인 것이다.

감각과 물질주의

서구 사회는 기쁨에 찬 디오니소스의 춤이 아니라 격하된 바쿠스Bacchus의 파행을 따르기로 선택하면서부터 감각과 물질주의를 혼동하기 시작했다. 그 결과 오늘날 사람들은 감각을 상실했다고 볼 수 있다. 아니면 감각과의 접촉을 상실한 거라 해도 좋으리라.

심지어 우리가 입는 옷조차도 뭔가 잘못되었음을 알려

준다. 현대인은 남녀를 막론하고 성공한 사람의 표시로 넥타이를 맨다. 생각하는 과정을 담당하는 머리가 몸의 나머지 부분과는 분리되었음을 의미한다. 몸의 감각과 끊어졌음을 말해주는 상징이다. 그런데 하루일과가 끝나고 넥타이를 푸는 순간 현대인은 흐트러지기 시작한다. 바닥에 눌러놓았던 감각이 솟구쳐 오르면서 배출구를 찾기 때문이다.

얼핏 보기에 우리 사회는 감각 지향적인 것 같다. 브로드웨이의 휘황찬란한 네온사인들, 광고판의 벗은 몸들, 음식과 운동에 집착하는 우리의 모습 등이 그렇다. 본래 이모든 것은 감각의 쾌락을 위한 것이다. 그러나 시간이 흐르면서 우리는 양에만 집착할 뿐 질에 대해서는 눈이 멀었다. 그러니 정확히 말하자면 우리는 감각이 아니라 물질 지향적이 된 것이다. 그 점은 구별할 필요가 있다. 우리는 더 많은 물질을 원한다. 차, 옷, 돈, 약물, 심지어 쾌락까지도 더 달라고 한다. 그러나 접촉은 두려워한다. 우리는 타인과 진정으로 접촉하는 법을 모른다. 낯선 사람 앞에서 옷을 벗을 수는 있지만 타인을 진정으로 사랑하기 위해 정서적 방어기제防禦機制, defense mechanism를 내려놓을 줄은 모른다. 이렇듯 사람과의 접촉을 불편해 하는 모습은 양질의 디오니소스가 부재함을 말해준다. 우리 사회의 크나큰 상실을 말해주는 것이다.

나는 이 상실을 샌프란시스코 그레이스성공회대성당에서 느낀 적이 있었다. 성공회의 관습대로 평화의 인사를 나누고 난 직후였다. 예복을 입고 장갑을 낀 안내자들이 제대祭臺에서 내려와 회중석 각줄의 첫 사람과 악수를 하면 그 사람이 소위 이 "평화"를 옆의 사람에게 전달해 가는 방식이었다. 내 오른편에 앉은 여성은 이 인사 방식에 경악했다. 그녀는 낯선 사람과 피부를 접촉할 생각이 없어보였다. 디오니소스적 친근감이란 이 여성에겐 금기였다. 그녀는 불편한 기색으로 내게 돌아서더니 장갑 낀 새끼손가락만 빳빳한 자세로 내미는 것이었다. 나는 그 새끼손가락을 내 엄지와 검지로 가볍게 쥐고 흔들었다. 접촉을 해야만 하는 괴로움과 당혹감이 둘 사이에 흘렀다.

내가 그렇게 화를 잘 내는 사람은 아니다. 하지만 왠지 모르게 내 안에서 화가 치밀었다. 그래서 내 왼편 남자에게 돌아서서는 큰곰처럼 팔을 벌려 포옹을 한 다음 앉혔다. 그 사람은 영문도 모른 채 당황한 모습으로 앉아서 앞만 쳐다봤다. 우리 줄의 평화의 인사는 그렇게 끝나고 말았다.

이것이 감각에 대해 우리가 갖는 일반적이고 공식적인 태도, 특히 종교가 갖는 태도라 할 수 있다. 점잖은 사람은 못할 짓인 것이다. 감정만 놓고 얘기하자면, 물론 감정이야

가져도 좋다. 신중하게 잘 제어한다면 말이다. (나는 서구의 이런 태도를 무슬림 세계와 비교하지 않을 수 없다. 그 세계에서 어떤 사람과 말할 때 얼굴에서 6인치 이상 떨어트리면 당신은 그를 모욕하고 있는 것이다. 나는 이 사람을 좋아하지 않는다고 공공연히 선포하는 셈이기 때문이다. 물론 서구인과 대화하면서 그 사람 얼굴 6인치 이내로 들이밀면 틀림없이 불편해 하면서 슬그머니 뒷걸음질 치겠지만 말이다!)

성공회성당에서 그 여성과 내가 뭔가 품위 있게 접촉할 방법을 몰랐듯 우리 사회 전체가 품위 있고 고상하게 디오니소스와 접촉할 줄 모른다. 평화를 전달하는 인사가 도리어 분노를 전하는 통로가 된 내 경험처럼 디오니소스적 감각 경험에 대한 갈망이 음란함의 갈망으로 변질된 사회다. 그래서 우리는 원형의 인간적인 모습을 잘 모른다. 잘못된 곳에서 잘못된 방식으로 찾고 있기 때문이다.

친밀감

우리는 종종 우리 사회를 친밀감을 상실한 사회라고 슬퍼한다. 낯선 사람과 바로 침대에 들어갈 수는 있지만 정서적인 교감을 나누는 일은 몸서리쳐 한다. 감각의 접촉을 신과 접촉하는 길로 이해하는 개념이 없으면 자연스런 충동을 부끄러워하고 상상만으로도 죄책감을 겪는다.

어쩌면 우리는 마음속 깊이 엑스타시의 상실보다 도리어 그것을 통제할 수 없게 된 것을 더 두려워하는지도 모른다. 항복하고 내어맡김이란 그것이 신을 향한 것이라 해도 우리 문화가 권장하는 바는 아니다. 신에게 내어맡긴다는 것은 우리가 잘 정의해둔 역할과 세계에서 신들의 영역으로 옮겨간다는 의미다. 무슨 일이든 가능하지만 설명할 수 있는 건 아무것도 없는 영역으로 말이다. 뭘 기대해야 좋은지 알지 못하기 때문에 우리는 그런 세계를 두려워한다. 시인 T. S. 엘리어트가 『대성당의 살인』에서 말했듯 "창에 손이 낄까, 초가에 불이 붙을까 두려워하는 것이 신의 사랑을 두려워하는 것보다는 낫다." 엑스타시, 즉 신의 사랑을 경험한다는 것은 깊이 변화된다는 것인데 우리가 꺼리는 것도 바로 그것이다.

현대인이 그토록 섹스를 향해 달려가는 것은 사실 신을 추구하는 행위지만 결과는 참담하게도 비인간화 경험, 저질의 디오니소스 경험만 하기 일쑤다. 섹스로 표현되는 저질의 디오니소스 경험은 정말 봐주기 힘들다. 사랑의 섹스가 아닌 강간이나 영을 완전히 말살해버린 성적 행위들만 난무한다. 우리는 머리를 몸의 나머지 부분들과 분리시켰듯 섹스를 삶의 나머지 부분들과 분리시킨다. 심지어 도시의 한 귀퉁이를 섹스에 할당해준다. 그곳에 어둠이 내리면 성적 방종을 부추기는 불빛이 돌아가고 음악이 연주된다. 우리가 보유한 온갖 성적 은유들은 에너지가 넘치지만 그 에너지들이 위로 향하는 법은 없다. 우린 그저 아무런 의미 없이 반복적인 성행위만을 갈망한다. 이런 저질의 엑스타시도 우리를 계속 인도하지만 초월로 이끄는 법은 없다.

우리는 죄책감을 죽이고 내면의 소리를 잠재우기 위해 술과 마약으로 자신을 마취한다. 다른 시대, 다른 장소에서는 신을 만나기 위해 성스런 의례에 사용했던 그 약물들을 갖고 그렇게 한다는 게 아이러니하긴 하다. 디오니소스를 향한 욕구를 성스럽게 표현할 방법을 갖지 못한 현대인들은 증상으로 이를 표현한다. 약물남용, 아동학대, 가정폭력, 강도, 테러, 전쟁 등 광기 어린 증상들을 통해서 말이다.

취함

디오니소스는 술과 엑스타시, 자유와 방종의 신이다. 색깔과 생명, 에너지가 끝없이 넘쳐나는 존재인 것이다. 디오니소스를 접하면 감각의 비이성적 지혜와 접하면서 조이를 맛본다. 그런데 바로 이 면을 우리는 금기시했기 때문에 취함의 어두운 면만 갖게 되었다. 영적인 것과 거리가 먼 감각만 남은 것이다. 술을 한잔하면서 우리는 일상의 세계를 벗어나 다른 세계로 입장한다. 취기가 돌고 행복감이 들면서 마음 놓고 자신을 즐기기 시작한다. 여전히 자신을 제어하고는 있지만 모든 짐을 벗어버릴 수 있을 것 같은 기분이 든다. 디오니소스의 진정한 추종자라면 여기가 멈추었을 지점이다. 사실 그들 중 일부는 아예 술을 입에도 대지 않았다. 신성한 엑스타시를 경험하려면 의식이 있어야 한다. 술로 인사불성이 되면서 동시에 조이를 경험할 수는 없다! 불행히도 우리는 디오니소스를 술주정뱅이 바쿠스_{Bacchus}로 바꿔 버렸다. 그래서 어디서 멈춰야 하는지 잊었다.

사실 디오니소스는 딱 한번 술을 마셨지만 별로 좋아하지는 않았다. 그리고 술로 비롯된 광기를 치료하기 위해 그는 제우스 신전을 찾아간다. 어느 이야기에 의하면 이때 디오니소스가 모래 함정에 빠지는데 당나귀가 와서 구해준다. 비록 만취해서 헛소리를 하지만 그래도 구조되어 무사히 제우스한테 간다. 그 보답으로 제우스는 당나귀에게 인간처럼 말할 수 있는 능력을 준다. 다른 이야기에서는 디오니소스가 당나귀가 되어 나귀 울음 소리를 내며 제우스 신전에 도착하지만 거기서 사람의 말로 바뀌게 되는데, 나는 이 이야기가 더 좋다. 술이 잔뜩 취하면 아닌 게 아니라 수탕나귀, 즉 멍청이가 되지 않던가. 그런 상태로는 엑스타시를 맛볼 수 없다. 인간성을 상실한 상태이기 때문이다.

물질 세계를 초월할 기회를 얻기보다 우리는 마냥 마셔 대면서(아니면 마약을 하거나, 돈에 탐닉하거나, 사랑에 빠지면서) 행복한 흥분상태를 다시 맛보고자 하는데, 흥분을 조이와 혼동하기 때문이다. 행복을 추구하는 거야 그렇다 치더라도 행복은 본성상 하루살이처럼 단명한다. 마실수록 말과 행동이 통제가 안 되면서 점점 더 시끄럽고 고삐가 풀어지게 마련이다. 덧없는 행복에 매달릴수록 우리는 절망으로 곤두박질친다. 더 마실 수 없을 때까지 계속 마신다면 폭력적이 되거나 의식을 잃거나 둘 중 하나가 될 것이다.

엑스타시: 새로운 단계

초월적 엑스타시는 왜 그토록 얻기 어려운가? 우선 현대인에게는 개념 자체가 낯설다. 엑스타시의 심리적 원형으로서 디오니소스의 도래란 인간 발달의 새로운 단계로 상정해야 한다. 지상 최초의 신들이었던 힘센 타이탄Titan들은 디오니소스 같은 존재를 본 적이 없어서 그가 생을 시작하기도 전에 없애버리려 들었다. 사실 디오니소스는 올림퍼스의 판테온Pantheon에 마지막으로 입성한 신이다. 그 전에 갈기갈기 찢김을 당해야 했던 그의 이야기는 디오니소스가

78 희열Ecstasy

인간에게 얼마나 낯설고 새로운 존재였는지를 암시한다. 이같은 디오니소스의 취약성을 다른 차원의 이야기로 예시해보자.

인간의 색감에 마지막으로 더해진 것이 청색이라는 얘기를 들은 적이 있다. 색맹인 사람들이 가장 놓치는 색깔도 청색이라고 한다. 구약에도 청색에 관한 이야기는 일체 없고, 고대 그리스 문헌에도 등장하지 않는다. 에게해는 세상에서 가장 푸른 바다인데도 호메로스가 이 바다를 묘사할 때는 "술처럼 어두운 바다"라 했다. 새롭고 쉽게 잡히지 않는 정신기능이란 인간이 이제 막 그리로 진화한지라 안정된 기능으로 전환시켜야 함을 의미한다. 영적 엑스타시라는 디오니소스적 경험이 그러하다. 인간 의식의 레퍼토리에 마지막으로 더해진 것이라 쉽게 놓치고 제어하기가 어렵다.

그런데 힘들이지 않고도 덜 폭력적이면서 보다 디오니소스적인 엑스타시 경험을 한 사람들도 있다. 이렇게 돌발적으로 찾아오는 경험은 길게 지속되지 않는 게 특징이다. 히피운동을 기억해보라. 우드스톡Woodstock의 순진무구함이 알타몬트Altamont의 폭력사태로 퇴행하는 데 일 년 정도 걸렸

던가?*

　누가 다니던 직장을 그만두고 가진 돈을 다 나눠주고 자연과 교감하는 생활을 하겠다고 하면 처음엔 부러워할지 모르지만 머잖아 미친놈으로 치부하고, 하던 생활이나 계속하는 것과 마찬가지다.

　사회 전체를 거부하고 바닷가에서 벌거벗고 춤춘다고 해서 경험될 수 없다. 그런 실험은 아무리 의도가 좋아도 실패하기 마련이다. 우리는 그저 합리성의 영역에서 디오니소스의 비합리적 영역으로 옮겨가면 모든 게 해결됐다고 생각할 수는 없다. 그런 것은 이것 아니면 저것이라는 사고방식이다. 융은 이제 우리의 선택은 이것 아니면 저것이 아니라, 둘 다 선택해야 한다고 말한 바 있다. 우리는 디오니소스와 만나고 그를 다시 우리 삶에 불러들여야 한다. 인간적인 모습으로 말이다. 그를 부정하면 역으로 그가 우리를 파괴할 것이다.

　지금 우리가 해결할 과제가 그것이다. 가부장제 세상의 좋은 점, 즉 질서와 형식, 보살핌과 구조는 그대로 유지하면서도 디오니소스를 불러들여 우리 세상에 활기를 불어넣어

---

* 히피 시대를 상징하는 1969년 우드스탁 페스티벌이 '사랑과 평화'를 외쳤다면, 4개월 후 열린 알타몬트 콘서트는 '무질서와 폭력'으로 결말을 맺으며 히피들을 역사의 뒤안길로 내몰았다.

야 한다. 변덕스럽지 않게, 또 분열을 일으키지 않는 방식으로 말이다. 오직 그렇게 해서만 우리는 전일성wholeness과 조이를 향해 나아갈 수 있다.

엑스타시의 축전

조이에서 만물이 솟아났다.

조이로 만물은 유지되고

조이를 향해 만물은 나아간다.

그리고 조이로 돌아간다.

_ 문다카 우파니샤드

디오니소스적 경험은 엑스타시든 광기든 즉각 활기를 준다. 그 경험은 극단적일지는 모르나 우리의 진정한 심리 및 영적인 욕구와 긴밀하게 상응한다. 오늘날 치밀한 법률적인 종교에는 사실 신을 향한 사랑이나, 경외심의 자리가 별로 없다. 너무 청결한 영국 음식에 도리어 영양실조가 되었던 힌두 인도인처럼 현대인도 영적 영양실조에 시달리고 있는 것이다.

영혼의 경외심이나 두려움을 접하기 거절한다면 큰 해를 입는 것은 자신이다. 우리가 천국을 깨끗하고 환하고 하프 연주가 울려 퍼지며, 온화한 천사들이 있는 장소로만 생각한다면 진정한 종교의 핵심을 놓친 것이다. 우리네 종교에 공식적으로 신성한 엑스타시와 영혼의 어두운 밤을 위한 여지가 없다면 우리는 다른 방식으로 어떻게든 그 빛과 어둠을 경험하고야 말 것이다. 다른 시대 같으면 그런 경험을 일러 마귀 들림이라 했을지도 모른다. 여하튼 현대인들은 그것을 신체적이거나 심리적인 증상으로 표현하는 방식을 선택했다.

한번은 신학생들을 대상으로 강연하면서 신경증이란 실은 낮은 등급의 종교적 경험이라고 했더니 다들 심기가 불편해졌다. 결국 한 학생이 벌떡 일어나더니 이렇게 항의했다. "지금 한밤중에 겪는 일, 누구한테 들키면 죽을 것 같은, 남한테 결코 밝힐 수 없을 그런 일들 속에 하느님이 계시다는 말씀입니까?" 사실 제도 종교에 속한 많은 이들에겐 그렇게 보일 수밖에 없다. 진짜 중요한 의미를 상실한 제도 종교이다.

하지만 자세히 열린 눈으로 들여다보면 디오니소스는 근엄한 제도 종교 내에도 깃들어있음을 발견할 수 있다. 물론 염소로 상징되는 디오니소스는 차라리 악마에 가깝다고 생각하는 교인들에게는 충격이겠지만 말이다. 예를 들어 성탄절의 성찬례를 보면 제대 난간 저편에서 디오니소스 의식이 거행되는 것을 볼 수 있다. 배신과 살해의 이야기, 십자가형과 신이 술이 되는 이야기를 말이다. 성찬례를 있는 그대로, 외적 구조만이 아니라 그 내적 의미를 정말 제대로 이해한다면 놀라 등줄기에 전율이 일 것이다. 그리고 그 격렬한 경험이 우리를 변화시킬 것이다. 바로 그 경험이 성찬례 의식의 핵심이다.

최근에 나는 인도에서 그러한 변화의 힘이 느껴지는 형태를 목격한 적이 있다. 모든 비서구 전통의 사회들이 그렇듯이 인도 역시 디오니소스적 표현을 영예롭게 할 수 있는 면을 간직하고 있다(인도의 경우 시바신이 디오니소스에 해당한다고 볼 수 있지만 크리슈나의 감각적인 삶에도 디오니소스가 들어 있다). 하루는 티루바나말라이 신전을 방문했는데 거기서 춤추는 디오니소스를 발견해 숨이 멎을 것만 같았다.

한 젊은이가 북치는 사람 둘을 대동해가면서 긴 가죽채찍을 폭발적으로 강렬하게 휘두르는 모습을 보았다. 채찍이 바람을 가르는 소리가 어마어마했는데 북장단도 점점 빠르고 커졌다. 그리고 젊은이는 장단에 맞춰 몹시 격하고 감각적인 춤을 추었다. 잠시 후 그는 채찍을 휘두르는데 자기 가슴이나 팔을 살점이 떨어져나갈 정도로 갈기는 것이었다.

피가 솟구쳤고 얼굴은 고통으로 일그러졌다. 그런 다음 젊은이는 격정과 에너지 넘치는 춤을 추면서 고통을 점차 엑스타시 상태로 변화시켰다. 나는 그런 광경을 본 적이 없었다. 춤추는 그의 표정도 고통에서 환희로 바뀌어 있었다.

이렇게 종교의식으로서 매질(그리스도교의 중세 교회에는 이와 유사한 매질이 있었다)을 해대던 젊은이는 신전 주위 가게를 돌아다니며 동전을 구걸하였다. 어떤 사람이 자신을 고통스럽게 하고 이를 춤으로서 엑스타시로 변화시키면 공동체가 고통에서 자유롭게 된다는 것이 인도의 전통이다. 그러므로 그 공동체가 춤추는 이의 생활비를 제공해주어야 한다.

서양인인 내 눈에 그의 춤은 너무 생짜로 조잡스러워 보이기는 했지만 고통을 엑스타시로 변화시킨다는 디오니소스의 원리가 그토록 직접적인 형태로 드러나는 것을 목격하는 건 숨이 멎을 것만 같은 경험이었다.

디오니소스와 서구 그리스도교

디오니소스를 따른다는 건 영의 영역에 들어간다는 것이다. 신과의 합일에서 비롯되는 엑스타시를 경험하는 것이기 때문이다. 요한복음 6장 53-54절에서 예수는 이렇게 말한다. "정말 잘 들어두어라. 만일 너희가 사람의 아들의 살과 피를 먹고 마시지 않으면 너희 안에 생명을 간직하지 못할 것이다. 그러나 내 살을 먹고 내 피를 마시는 사람은 영원한 생명을 누릴 것이며 내가 마지막 날에 그를 살릴 것이다." 요한 15:1 이하를 보면 예수는 "나는 포도나무"라고 말하는 내용이 나온다. 영성체를 하는 사람에게 빵은 살이요 포도주는 피다. 디오니소스 추종자들도 상징적으로 자기들의 신을 먹고 마신다. 염소고기는 그의 살이요, 포도주는 그의 피라고 하면서 말이다.

사람들이 종종 디오니소스와 예수 사이에 어떤 유사성이 있느냐고 질문을 하면 나는 "그렇다"라고 대답한다.

그렇게 놀랄 얘기는 아니다. 우리네 사회처럼 규칙으로 이루어진 사회, 잘 다듬어진 사회는 숨 막히게 돌아가는 책임들의 일시정지가 필요하다. 그리스인들에겐 디오니소스가 있어 가끔씩 자기 밖으로 나와 짐에서 자유로워질 수 있었다. 그 뒤를 이은 로마인들은 디오니소스 원리를 부어라 마셔라하는 문란한 난교 파티 등으로 추락시켰고, 신의 이름도 바쿠스로 바꿔 불렀다. 이어 그리스도교가 등장했고 이들은 엑스타시의 원리를 그리스도라는 인물을 통해 회복하는데 세 번 되살아나는 디오니소스처럼 그리스도도 두

번 산다. 그리스도는 사랑의 신이며, 엑스타시의 신이요, 눈으로 볼 수 있는 신이다. 내가 볼 때 예수라는 인물은 초월적 원리를 수용 가능하게 인간적으로 만들고 잘 가동하게 하는 새로운 시도다. 그를 통해 우리는 우리 자신보다 더 큰 어떤 것을 쉽게 볼 수 있다.

다른 인간 존재를 사랑해 본 사람은 성육신이 무엇인지 이해한다. 인간의 육체를 입은 신성 혹은 여신성이 눈앞에 걸어 다니는 걸 목격했기 때문이다. 사랑하는 사람은 대상을 '우상화'하고 '찬양'한다. 남자는 사랑에 빠진 여자를 그야말로 "삶의 토대 꼭대기에 올려놓는다." 감각을 통해 신의 사랑을 경험한다는 것, 즉 다른 사람을 사랑한다는 것은 정신의 다른 기능만큼이나 선한 것이다. 그리스도교는 이를 격하시켰지만 말이다. 융은 그리스도인의 만다라라 할 십자가를 사람들이 어떤 식으로 왜곡하는지 지적한 적이 있다. 즉 십자가의 수직 아래 부분을 수평이나 윗부분보다 더 길게 만든다는 것이다. 그리스인들은 좀 낫다. 그들이 그리는 십자가는 상하좌우가 똑같다. 지성과 감각의 세계를 둘 다 평등하게 여겼기 때문이다. 그러나 우리는 아래의 절반인 감각을 절하해놓고 십자가의 아래를 길게 만듦으로써 과잉 보상을 하고 있는 것이다. 서구 그리스도교는 이 감각의 문제에 관한 한 균형을 잃었다. 예수는 영과 물질이 동등한 존재임에도 그런 식으로 믿지 않는다. 예수를 완전히 오해했기 때문에 예수를 역설적이게도 그리스도교 안의 디오니소스적 요소에 대항하는 대표적인 인물로 만들어 버렸다.

어느 힌두성자가 이렇게 말했다. "신을 예배하는 가장 좋은 방법은 그저 행복해지는 것이다." 우리는 그 감각을 잃었다. 그저 예수의 고통만 주목하고 그것만 받아들이려 한다. 우리도 예수처럼 고통 받지 않으면 천국에 갈 수 없다고 생각한다. 나는 그리스도의 본성이 작금의 그리스도교가 보이는 것처럼 억압적이라고는 생각하지 않는다.

예수와 디오니소스

유명한 안티오크의 성배를 보면 그리스도가 디오니소스가 좋아하는 행동을 하는 모습이 그려져 있다. 즉 포도넝쿨에 올라타 흔들거리는 모습인데 두 세계의 균형을 상징한다. 이것은 명백히 디오니소스의 선례를 따른 것이다. 예수와 디오니소스 사이에 평행점이 많이 발견된다고 해서 놀랄 필요는 없다. 우리가 아무리 억압해도 우리 안의 원형은 어떻게든 자신을 표현할 길을 찾아낸다. 억지로 하나를 벗겨내면 또 다른 옷을 입고 나타나는 것이다.

예수와 디오니소스는 둘 다 신을 아버지로 두었고, 유한한 인간 처녀를 어머니로 해서 태어났다. 그리스도가 지옥을 침입하고, 디오니소스는 지하세계를 이겨내고 솟아오른다. 디오니소스의 어머니 세멜레가 올림퍼스에 올라 티오네 여신이 되듯 예수의 어머니 마리아도 승천한다. 디오니소스와 예수는 둘 다 왕의 왕으로 찬양 받는다. 엘레우시스에서 디오니소스의 추종자들이 키질 바구니에 놓인 아기 앞에서 디오니소스의 도래를 축하했는데 이는 구유에 누운 아기로 도래한 그리스도의 선례다.

예수와 디오니소스는 모두 살해당한다. 예수는 십자가에, 디오니소스는 타이탄들의 손에 의해서다. 그리고 둘 다 다시 살아난다. 끝나지 않는 생명을 상징하는 것이다. 그리고 디오니소스는 올림퍼스 산에 오르고 예수는 하늘로 승천하여 둘 다 아버지 신 오른편에 앉는다.

예수도 그랬지만 디오니소스도 신의 아들이라는 걸 사람들이 믿지 못했다. 그리고 지역의 권력자들에게 핍박을 받았고, 당시 소외된 사람들이나 소문이 좋지 않은 여성들과 어울렸다는 점도 똑같다. 당대의 확립된 예배양식을 대수롭지 않게 여겼다는 점도 마찬가지다.

술 얘기도 뺄 수 없다. 예수의 기적 중 하나가 물을 포도주로 만들었다는 것이다. 디오니소스가 정기적으로 행한 기적이다. 포도나무에 물을 주었더니 금방 자라서 술로 변하는 기적 말이다. 성찬례(유카리스트)는 엑스타시스의 축제다. 술을 신의 피로서 마시면서 시공을 초월하여 그 순간 신이 되는 예식인 것이다.

우리는 그 신을 죽이려고 애쓴다. 엑스타시 경험을 없애려 든 것이다. 하지만 그는 언제나 되돌아온다. 힘과 능력을 새롭게 해서 말이다. 디오니소스를 폐위시켜 피 묻은 살점을 갈가리 찢어 죽이고 또 죽였더니 예수로 돌아왔다. 예수를 십자가에 못 박았더니 그는 부활했다.

여성과 디오니소스
: 생명의 축전

어머니 퀴벨레의 예식을 지키는 사람은 복되다!

_ 에우리피데스 『바쿠스 무녀들』의 "디오니소스에게 바치는 찬가"

'고대 그리스'의 신 그러면 누가 떠오르는가? 대부분은 빛과 진리의 신 아폴론을 떠올릴 것이다. 금발에 청동색 피부, 근육질 몸매의 아폴론은 오늘날 만화의 주인공이 되는 영웅들의 원형이다. 감각적인 디오니소스와는 정반대되는 신이다. 아들로 태어났지만 님프들은 디오니소스를 딸처럼 길렀다. 그리스 예술품에서 디오니소스는 노인의 모습으로 등장할 때도 없지 않지만 대체로 유약한 청년으로 그려진다. 올림퍼스에서도 디오니소스는 여신 헤스티아의 자리를 대신 차지할 뿐만 아니라 여신의 전통을 수행한다.

디오니소스의 성적 모호함은 오늘날 우리 사회와 잘 어울리지 않는다. 하지만 고대 그리스인들은 남성의 성을 구성하는 것이 어떤 것이냐에 대해 훨씬 관대했다. 이 또한 우리 사회에서 디오니소스가 부재한 이유를 설명해준다.

우리가 넥타이를 매는 것이 정신과 몸을 분리하는 상징이듯이 심리적 경험의 한 부분은 남성에, 다른 한 부분은 여성에 분리 할당한다. 남자에게는 머리를 할당하여 논리와 차별성, 사실을 판단하는 기능을 남성의 몫으로 하고, 여자에게는 몸을 할당하여 정서와 직관은 여성성에 해당한다고 말한다.

마이나스Maenads

현대 여성들이 엑스타시 경험과 멀어졌다고 느낀다는 사실은 역설이다. 본디 디오니소스 추종자들은 마이나스라 하는 여성들이었다. 산을 오가며 열광하는 이 여성들이야말로 고대 모계 종교에서 위대한 여신을 섬기는 마지막 무리였다. 그 다음에는 새로 등장한 가부장 질서가 모든 것을 뒤바꿨다. 마이나스들은 디오니소스를 모시고 숲으로 들어가 밤중에 잔치를 벌였고 이때 레아Rhea여신이 디오니소스를 여성의 신비의식에 입문하게 한다. 여성의 신비의식은 늘 밤에 은밀하게 행했던지라 오늘날도 정확히 그 내용이 무엇인지 잘 모른다.

모니카 스주와 바바라 모어는 이런 설명을 한다.

인류학자 재큐에타 호크스Jacquetta Hawkes에 의하면, 디오니소스는 크레테의 대모신의 아들로서 "동안에 곱슬머리를 한" 존재로 그려지는데, 그의 엑스타시 신비종교는 원래 그 위대한 여신숭배와 그 여신을 섬기던 여성들의 광란축제에 기원이 있다.

마이나스, 즉 디오니소스를 섬기는 무녀 무리는 땅을 풍요롭게 만드는 힘을 지녔다. 이들의 의식은 산꼭대기에서 치러졌는데, 이 미친 듯 날뛰는 여성들이 바위에 손을 대면 그 부분이 터지면서 술과 물, 젖과 꿀의 강이 흘렀고, 달이 뜬 밤에는 분노에 휩싸여 그들이 가는 길이나 성스런 의식을 행하는 경내에서 무심코 지나가던 남자들을 마주치면 갈가리 찢어 죽였다.

어떤 전설에는 마이나스들은 디오니소스의 조이와 엑스타시, 방종에 취한 나머지 디오니소스를 갈기갈기 찢어 죽여 지하세계로 가게 한 다음 그곳 하데스의 세계에서 술이 발효하듯 무르익은 다음 익은 술로서, 즉 현재의 모습으로 부상하도록 했다는 이야기가 나온다.

생명력

디오니소스를 예배한다는 것은 곧 생명력을 경배하는 것이다. 디오니소스를 포박하려는 해적들의 시도란 사실 유기적 생명력을 묶어두려 한 것인데 해적들은 아무리해도 그를 묶을 수 없음을 발견한다. 포도나무는 순식간에 자라고 담쟁이덩굴은 미친 듯 꼬아 올라가며 술은 배의 갑판 아래로 흘러내린다. 땅의 왕성한 에너지는 사람이 아무리 누르려 해도 이기고 올라온다. 나무뿌리가 도시의 콘크리트 덮개를 뚫고 나오는 것처럼 말이다.

그리스 사회와 집단 사이키가 정서와 감정의 여성적 가치에서 이성적 남성 세계로 이행되면서 이전의 여신들은 영향력을 상실한다. 헤스티아가 올림퍼스의 자기 자리를 디오니소스에게 내어주는 행위는 새로운 시대의 전조다. 원래 그리스인들에게 엑스타시 원리를 담당하는 신은 헤스티아 여신이었다. 고대 그리스에서는 헤스티아에게 희생을 바치는 것이 일상생활의 일부였다. 요리를 하고 화로에 불을 붙이는 헤스티아의 의무란 엑스타시 원리를 바탕으로 한다. 그리고 헤스티아처럼 가사 일을 하는 여성들이 엑스타시 원리의 담지자였던 것이다.

고대의 모계 문화는 어머니를 무엇보다 중요하게 여겼

다. 지금은 이상하게 들릴지 몰라도 수천 년 전에는 출산에 있어 아버지의 역할이 무엇인지 몰랐다. 그러니 그때 사람들이 어머니와 관련된 모든 것을 값지게 여기는 게 당연하다. 가정, 출산, 성장, 양육, 돌봄, 공감 등 어머니의 역할이 생명을 유지하는데 결정적이라 본 것이다. 그 옛날 사람들은 여신 숭배를 통해 그러한 심리적 자질을 내면에 키웠던 것인데 디오니소스의 등장은 그 오랜 전통에서 새로운 전환점이었다.

오늘날 우리 사회는 명백히 "남성적" 가치를 강조한다. 공격성, 힘, 승리, 성공, 사실성, 지적 능력, 구체적 증거 등등을 중시한다. 이보다 덜 분명한 "여성적" 가치는 가볍게 취급된다. 그 결과 오늘날은 여성들조차 자기네 삶에 디오니소스적 경험의 자리가 없다고 생각한다. 그러나 원래 엑스타시를 담당한 신은 여신 헤스티아_{Hestia}였음을 기억해야 한다. 그리고 여성의 일상 활동 자체가 엑스타시 원리를 생활에 옮기는 것이었음 또한 잊지 말아야 한다. 가족을 위해 요리하는 것은 그들의 생명을 유지하는 행위다. 집을 깨끗이 청소하는 행위는 생명이 잘 자랄 수 있도록 환경을 만드는 일이다. 출산을 통해 또 하나의 인간 존재를 탄생시키는 여성의 궁극적 역할이 없으면 인류는 지속될 수 없다.

그런데 출산을 제외하고는 남성이라고 양육의 과정 및

감각적 교감의 삶을 공유하지 못할 이유가 없다. 역으로 여성이라고 남성처럼 힘과 지혜의 삶을 영위하지 못할 이유도 없다. 디오니소스와 접한다는 것이 바로 그것이다. 생명의 엑스타시, 그 창의적이고 영속하는 생명력의 일부를 느끼고 경험하는 것이다. 우리가 어떤 가치는 배타적으로 남성에게, 어떤 가치는 여성에게만 할당하지 않는다면, 우리가 동등하게 남성이자 여성일 수 있다면, 그것이 신성한 양성구유의 디오니소스를 만나는 것이다.

양성구유兩性具有
: 남성성과 여성성의 연합

> 아니마와 아니무스는 집단무의식의 이미지들과 만나는
> 가교요, 문門으로서 기능해야 한다. 페르소나persona가 외부
> 세계와 만나는 가교인 것처럼 말이다.
>
> _ C. G. 융

디오니소스는 자신 안에 남성성과 여성성을 완벽하게
결합한 양성구유의 신이다. 우리 내면에서 디오니소스 원
형을 인정한다면 점점 더 자신 안의 남성적 측면과 여성적
측면이 함께 있음을 깨닫고 수용하게 된다.

양성구유의 심리학적 원리를 강렬하게 느낀 적이 있는
데 나는 친구와 함께 고마타(이 신은 나중에 인간으로 내려와
자이나교를 창시한다)신전을 보려고 인도의 높은 산을 올랐

다. 큰 바위 하나를 깎아 만든 20미터가 넘는 거대한 신상神像이 산 정상으로 난 800개의 계단을 오르니 그 끝에 있었다. 그런데 그 거대한 신상 발치, 발톱쯤 되는 높이에 부드러운 곡선의 가슴을 가진 사람 크기 만한 여신상이 있었다.

친구를 향해 "정말 아름다운 여신상이군!" 하자 친구가 씩 웃으며 말했다. "그러잖아도 그게 여신이 아니라는 걸 말해주려던 참이네. 저건 그냥 신이야." 적잖이 놀라 내가 물었다. "그게 무슨 말인가?" 그가 말했다. "인간이 타락하기 전에는 아기가 태어나면 아빠와 엄마가 같이 젖을 먹였다는 거지. 그래야 영웅이 나오는 거고."

양성구유는 심리학적 진리다. 특히 이 시대에 그 어느 때보다 진리다. 자기 내면에서 영웅을 길러내려면 남성성과 여성성 모두를 동원해야 한다. 그래야 자기 내면에서 디오니소스와 같은 자질을 낳을 수 있다.

아니마와 아니무스

우리 안의 억압된 디오니소스를 어떻게 찾을 수 있을까? 그는 동굴이나 구석진 곳에서 살았다. 그를 찾으려면 내면에서 우리 밖의 부분, 혹은 아예 통제력을 갖지 못한 부분을 살펴야 한다. 확실히 아니마나 아니무스가 거주하는 영역 중 하나가 그런 곳이다. 융 심리학에서 양성구유란 남성성과 여성적 "영혼 형상images"의 통합을 의미한다. 여성형으로 아니마는 "소울soul"을 의미하고 남성형 아니무스는 "영spirit"을 의미한다. 남자의 아니마는 꿈에 여자로 나타나고, 여자의 아니무스는 남자로 나타난다. 융 심리학은 우리가 이성에 관한 꿈을 꾸면 설령 그 이성이 현실의 인물이라 할지라도 영혼의 형상에 관한 꿈으로 보았다.

자신이 우연히 속하게 된 성性의 특질을 강조하는 것이야 자연스런 일이다. 하지만 심리적으로나 영적으로 통합된 인격을 지니려면 각자는 남성적 특질과 여성적 특질을 종합해내지 않으면 안 된다. 융 심리학에서 디오니소스란 완벽한 심리적 균형을 의미한다. 디오니소스는 여자를 꿈꾸는 남자도 아니고 남자를 꿈꾸는 여자도 아니다. 그는 양자 모두이고 스스로를 그렇게 기르고 완성한 존재다.

요즘 양성에 관한 말이 많이 들린다. 패션 잡지를 보면 양성애적인 모습을 찬양해마지 않는다. 스웨터와 청바지를 입은 소녀, 분홍 셔츠와 귀걸이를 한 소년이 등장하는 것이다. 우리가 쓰는 일상용어도 성차별적이라는 사실을 의식해서 요즘은 메일맨mailmen을 메일 캐리어mail carriers로, 파이어맨firemen을 파이어 파이터fire fighters로, 스튜어디스stewardesses를 플라이트 어텐던트flight attendants로 고쳐 부른다. 예전 같으면 남자들이 하던 일을 요즘은 여자가 하는 경우도 많아졌다. 그리고 집에서 아이를 돌보는 남성의 수도 늘고 있다.

전통적인 역할과 전형성에서 벗어나는 이들이 있는가 하면 그런 사람들을 불편해 하는 이들도 있다. 그것은 내가 보기엔 우리가 여전히 외적인 면, 즉 복장이나 명칭, 역할만을 바꿨기 때문이다. 내적으로 우리 안의 양성적인 측면과 친구가 되는 일은 아직 부족하다.

남성과 여성이 서로 다르다는 것은 분명하다. 양성이 인간 스펙트럼의 제각기 반대되는 면들을 드러내는 건 아주 자연스런 일이다. 남성과 여성의 신체는 다르다. 정서나 심리적으로도 양성의 차이는 폭이 크다. 하지만 그 차이를 더욱 심화시키는 것은 우리 사회에서 양성이 제각기 다른 방식으로 양육된다는 점이다. 그 결과 남녀는 제각기 다른 세상을 본다. 여성 대부분은 은연중 혹은 공공연하게 남을 기쁘게 하고, 섬기고, 자기 뜻을 접도록 양육된다. 반면 남성들은 주도하고, 만들어내고, 용감하게 결정을 내리며, "남이 가보지 않은 곳을 가도록" 길러진다. 이러한 전형성이 우리 모두에게 고통을 준다. 남자는 강하고 여자는 약하고, 남자는 이성적이고 여자는 비이성적이며, 남자가 집에 먹을 것을 들고 오면 여자는 요리한다는 전형성이 말이다. 그래서 스스로에게 그런 짐을 지우고 왜 자신이 그런 것을 잘할 수 없는지 고민하게 만든다. 의식적으로나 무의식적으로 우리는 이런 꼬리표, 기대가 잘못되었다는 것을 안다. 그러나 실제로 그것을 극복하기란 어렵다.

서양의 유대-그리스도교 전통은 우리 내면의 양성구유를 가로막는 데 크게 기여했다. 정통 유대교를 예로 들면 남자와 여자는 함께 앉아 예배드리지 못한다. 제각기 다른 구획에 앉아야 하는 것이다. 그러고는 완전히 다른 종족이기라도 한 듯 서로에 대해 말한다. 여자가 머리를 흔들며 "남자는 다 똑같아" 하고 말한다. 그러면 남자는 "여자가 혼자 살 수 있나? 남자가 없으면 안 되지" 하고 받아친다. 자기 내면에서 아니마 혹은 아니무스와 접촉하는 법을 잊었기 때문에 서로 올바르게 만나지 못하고 디오니소스 원리도 모른다. 알았더라면 크나큰 조이와 엑스타시를 얻었을 텐데 말이다.

남성/여성 관계

우리는 각자 생활에서 아니마-아니무스 문제를 자기 배우자와의 갈등으로 겪는다. 올림퍼스의 신들 가운데 디오니소스만이 유일하게 자기 아내와 다투지 않은 신이다. 심리적으로 보자면 그는 자신 안의 남성성과 여성성을 온전히 화해시킨 존재이기 때문이다.

내면의 여성 혹은 남성과 소통할 수 없다면 현실에서 만나는 몸을 지닌 이성과도 제대로 소통할 수 없다. 자기 일상을 객관적으로 들여다볼 수 있다면 가정의 갈등이 대부분 다른 무엇보다도 의식을 치르는 것과 같다는 사실을 깨달을 것이다. 당신이 갈등에 휩싸인 당사자라면 그 순간의 감정에 치우쳐 사태를 객관적으로 볼 수 없을 것이다. 그렇지만 잠깐이라도 자기 외부로 나가 선다면 우리가 벌이는 다툼이나 언쟁으로 달라지는 것은 아무것도 없다는 사실을 볼 수 있을 것이다. 그 싸움이란 대부분 아니마-아니무스의 밀고 당기는 전쟁이기 때문이다. 그렇기 때문에 외부의 아무것도 나를 안정시켜주지 않는다. 기껏해야 싸울 힘을 소진시킬 따름이다. 하지만 에너지가 충전되면 싸움은 다시 불붙는다. 이런 곳엔 저질의 디오니소스만 범람한다. 가족이 싸우는 소리를 들으면 이 가정엔 희망이 없고, 깨질 것만 같지만 대개는 곧 수습 된다. 다른 날 다시 싸워야 하기 때문이다.

영적 배우자

디오니소스는 아테네의 여왕 아리아드네Ariadne와 결혼한다. 아리아드네는 원래 테세우스Theseus와 결혼했지만 그들의 결혼은 행복하지 못했다. 테세우스는 아리아드네를 어느 외딴 섬에 버리는데 디오니소스가 그녀를 구해준다. 아리아드네로선 디오니소스가 재혼인 셈인데 이는 그가 영적 남편임을 상징한다.

당시의 많은 기혼 여성들이 디오니소스를 영적 남편으로 삼았다. 가톨릭교회의 수녀들은 예수를 영적 배우자라고 한다. 오늘날에도 다른 문화권의 샤먼들을 보면 자기 아내를 두 번째 부인이라고 한다. 왜냐하면 이들은 먼저 여신, 즉 내면의 아니마와 먼저 혼인했기 때문이다.

아메리카 원주민 샤먼에게서 감동적인 이야기를 들은 적이 있다.

그의 중매자가 어느 젊은 여성을 찾아가 이렇게 말했다는 것이다. "그 샤먼이 당신을 아내로 삼고자 하는데 그는 이미 영적 아내가 있네. 그러니 그와 혼인한다면 당신은 두 번째 아내가 되는 것이고, 거기에 맞는 지위를 갖게 된다는 것을 알아야 하네."

사람들은 싫든 좋든 이미 영적 배우자가 있다. 그래서 육체를 지닌 아내나 남편은 누군가 알지 못하는 대상에게 일차적인 지위를 뺏기고 자신은 이차적이라고 느끼는 경우가 있다. 물론 이것을 아예 모르고 사는 사람들도 많다.

문학에서 가장 잘 알려진 영적 배우자는 단테의 베아트리체일 것이다. 베아트리체는 단테를 천국이나 지옥으로 이끄는 안내자다. 단테는 실제 아내보다 베아트리체와의 혼인이 훨씬 더 강렬했다. 그의 실제 아내에 대해서 우리는 거의 알지 못한다.

한번은 내 내담자의 아내가 예고 없이 자기 남편 면담시간에 나타난 적이 있다. 그녀는 이렇게 말했다. "저는 제 남편의 베아트리체가 될 생각이 없음을 알려드리려고 왔어요." 자기 남편이 자신을 이상적인 여인으로 보지 말고 있는 그대로의 모습으로 알아주길 원한 것이다. 이런 상황이 쉽지는 않다. 그래서 우리는 자기 내면의 여인이나 남성을 알아야 하는 것이다.

쾌락의 부인

아니마와 아니무스는 강력한 심리적 힘이기 때문에 이를 의식화하지 못하면 우리 삶을 황폐하게 만들 수 있다. 디오니소스 원형은 영혼이 그렇듯 불멸이다. 몸은 죽어도 영혼은 산다. 아니면 동양 종교에서 말하는 것처럼 땅에 환생해서 다른 모습으로 살면서 온전해지려고 한다. 그러므로 디오니소스를 부정하는 것은 자기 영혼을 부정하는 것이고, 영혼의 부정은 위험한 불균형을 초래한다.

　디오니소스를 억압하는 건 엑스타시를 억압하는 것이다. 우리는 자신을 정신으로만 배타적으로 동일시하기 때문에 감각이나 직관을 무시한다. 반면 요즘 영성의 최후보루처럼 여기는 동양 종교는 몸을 깨달음의 수단으로 존중한다. 하타 요가나 중국의 도교, 탄트라 요가 등등이 다 몸의 감각을 신적인 합일에 이르는 성례전으로 삼는다. 하지만 서양의 유대-그리스도교 전통은 하늘과 땅이 만나지 못하도록 철저히 감시한다.

　우리가 모처럼 신체 자아를 의식할 때도 대개는 죄책감과 불안이 따른다. 그래서 육체적 쾌락의 엑스타시를 술 아니면 당혹감이나 죄의식으로 물들이기 일쑤다. 어느 프랑스인은 영국인들이 쾌락을 음침한 것으로 만든다고 꼬집는다!

　유대 전통의 의식도 우리네 앵글로색슨 세계만큼 디오니소스를 억압하지는 못했다. 유대교의 잠언에는 우리가 땅에서 정당한 쾌락을 부인하면 하늘에 가서도 그걸 누리지 못한다는 말이 있다. 우리가 디오니소스적 경험을 부인하는 만큼 자신이나 배우자, 삶의 과정 및 조이에 대해서 제대로 알지 못한다. 그것은 이 땅에서 하늘을 부정하는 것이다.

돌아온 희생 염소

아론은 그 살려둔 염소 머리 위에 두 손을 얹고 이스라엘 백성이 저지른 불의와 고의로 범한 온갖 죄악을 고백하고는 그 모든 죄를 그 염소 머리에 씌우고 미리 정한 사람을 시켜 그 염소를 빈들로 내보내야 한다. 그 염소는 그들의 죄를 모두 지고 황무지로 나간다.

_ 레위기 16:21-22

성서 시대에는 욤 키푸르, 즉 유대인들의 속죄일이 되면 모든 이스라엘 백성의 죄를 염소 한 마리에 뒤집어씌웠다. 그런 다음 그 염소를 황무지로 보내는데 이로서 백성의 죄도 함께 사라짐을 상징하는 것이다. 오늘날까지도 사회의 모든 부도덕을 편하게 특정 집단에 전가하는 일, 즉 희생양으로 삼는 일은 벌어진다.

이름은 기억이 나지 않지만 어떤 이가 지금 시대를 구약의 희생 염소들이 돌아오는 시대로 규정했다. 그들을 이끄는 존재가 원래의 희생 염소, 디오니소스다.

염소

그리스인들에게는 엑스타시 원리를 전수하는 강력한 의식이 있었다. 디오니소스를 상징하는 어린 염소를 잡아 일곱 조각으로 토막 낸 다음 어미젖에 담그는 의식이다. 이를 심리학적으로 설명하자면 염소는 비이성적으로 펄떡거리는 성질을 상징하는데 이를 죽여 지하세계, 즉 원래 그것이 기원했던 자리로 돌려보내는 것이다. 어미젖에 담그는 행위가 기원으로 돌려보냄을 상징한다. 평화와 행복만 있던 자리로 말이다. 그런 다음 그 고기를 마치 성찬례를 하듯 나눠먹는다. 이것이 그리스인들에게는 엑스타시의 성격을 전하는 고도의 상징이었던 것이다.

그런데 로마인들은 엑스타시의 이러한 성격을 곡해하면서 디오니소스를 만취滿醉의 신 바쿠스로 만든다. 로마 문화는 과도한 물질주의적 향락에 치우쳤는데 디오니소스도 그러한 성향에 맞춰 변질된 것이다.

유대인들만 해도 그리스인들처럼 역사 시대 이전의 긴

시간 동안 모계제 생활 방식을 갖고 있었다. 그들은 디오니소스를 모르지 않았다. 가자지구 인근에서 발견된 고대의 동전을 보면 한 면에는 야훼가, 다른 한 면에는 디오니소스가 새겨져 있다.

그런데 어느 시점부터 유대인들은 적어도 그들의 집단 무의식 차원에서 남성적 율법에 배타적으로 근거하는 가부장사회를 세우기로 작심한 듯 보인다. 그때부터 보복하고, 심판하는 야훼신이 다스리는 시대가 열린 것이다. 그러한 전환의 여파는 오늘날까지도 지속되고 있다. 사리분별을 중시하고 훈육 위주의 우리 사회는 가부장사회를 형성한 유대의 종교적 천재성에 뿌리가 있다. 하지만 유대인들의 가부장제는 다른 면의 디오니소스를 거의 말살하고서야 이룰 수 있었던 것이다.

디오니소스의 잔재가 유대 전통에 남아 있었다는 사실이 그나마 다행이다. 서양을 장악한 그리스도교 전통에 이르면 사태는 더욱 심각하다. 그래도 유대교 문화에는 자발성이나 춤, 유머를 사랑하는 감각이 남아 있다. 그런데 그들은 한편으로는 그런 성질이 자기네를 압도할까봐 불안해했던 것도 사실이다. 그래서 유대인들은 덮개를 씌웠다. 내가 보기엔 유대 역사의 전성기에는 디오니소스의 불꽃과 재미가 가부장적 구조와 문화적 균형을 잘 잡고 있었다. 아쉽게도 우리 서구 사회는 자발성과 산뜻함은 상실하고, 오로지 법으로 엄단하고, 보복하는 야훼만 물려받았다.

유대인들이 디오니소스적 성격을 제어하는 방식을 보면 흥미롭다. 레위기에는 "새끼를 제 어미젖에 삶지 말라"는 구절이 나온다. 이 율법은 당시 유대교 내부에 디오니소스 원리를 완전히 추방하려는 과정이 진행되고 있었음을 알려준다. 그만큼 디오니소스 원리는 그리스를 비롯하여 주변국에 만연해 있었기 때문이다.

지금도 정통 유대교 가정에는 부엌의 조리기구를 두 종류로 구비하고 있다. 한 종류는 고기를, 다른 한 종류는 유제품을 다루는 것이다. 그래서 고기요리는 오로지 그것만을 위한 도구와 식기로만 요리하고 먹어야 하며, 씻는 개수통도 다르다. 같은 방식이 유제품에도 적용된다. 이런 식으로 새끼와 어미젖이 결코 닿지 않게 하라는 율법을 지키는 것이다. 디오니소스 원리가 완전히 사라진 것이다.

그리스 사상이 만연한 세상에서 유대인들이 그들의 정체성을 지키기 위해 엄청난 노력을 기울였음을 알 수 있다. 그런데 우리도 그 영향을 받고 있다. 서구 사회가 유대-그리스도교 전통을 따르는 까닭에 구약의 태도 또한 은연중에 여전히 주위를 맴돈다. 덕분에 우리 내면의 디오니소스는 공식적으로 만취 상태로 잠들어 있다.

양

염소는 출입금지가 되었다. 유대교와 그리스도교가 대체 상징으로 삼은 것은 양이다. "세상의 죄를 없애는 하느님의 어린 양"이 염소와는 사뭇 반대되는 상징으로 채택된 것이다.

양은 확실히 행태가 있어 보이는 염소와는 다르다. 양은 유순해서 늘 희생물이 되는 짐승이다. 성서에는 양을 염소와 분리시킨다는 구절이 많이 등장한다. 현대 서구인에게는 선과 악을 가르고, 고귀한 것과 천한 것을 구분하며, 의와 불의를 나눈다는 말로 들린다. 이런 신화가 우리 내면에 깊이 자리하는 결과 염소의 성질, 디오니소스적 엑스타시의 성질은 현대인에게 작동하지 않는다.

양은 유대-그리스도교 세계에서 고귀한 가치로 대변된다. 양은 실제 통화가치를 결정하는 주요 요소였다. 서양의 화폐 단위인 실링, 프랑, 독일 마르크, 리라, 페소, 호주 달러(미국의 달러도 여기서 비롯되었다)는 다 양 한 마리를 살 수 있는 값이다. 몇 세기동안 서양에 인플레가 없었던 이유는 양 한 마리와 교환할 수 있는 화폐 단위를 고수했기 때문이다. 언제 어디서건 그 값어치로 통용되었던 것이다.

희생 염소

이제 양이 들어오고 염소는 추방되었다. 그리스인들이 향유하던 엑스타시의 속성, 인생의 변화무쌍함은 불신의 대상이 되었다. 염소는 희생 염소가 될 뿐이다. 그리고 악명이 따라붙게 되었다. 최악의 사악함을 대표하는 이름이 되었다. 디오니소스 멜란기우스, 즉 "검은 염소 가죽의 디오니소스"는 반인반수의 염소 모습인데 중세 그리스도인들은 악마의 형상이 바로 그것이라고 받아들일 정도였다. 오늘날까지도 악마는 염소의 뿔과 갈라진 발굽, 꼬리를 지닌 모습으로 그려진다. 중세 그리스도교 유럽에서 염소는 호색하는 짐승으로서 마녀들의 친구로 그 이미지가 고정되었다.

의미심장하게도 희생양이 되는 집단은 늘 힘없는 무리다. 현대에서 그 예를 찾는다면 1930년대와 40년대 나치의 희생양이 되는 유대인들을 꼽을 수 있다. 서구에서 의사결정권을 갖는 집단은 성인, 백인, 앵글로색슨계 남성들로서, 이들이 영향력 있는 지위를 독차지한다. 그리고 그 전형성에 맞지 않는 사람들이 희생양이 된다. 여성, 유색인종, 비그리스도인, 청년, 예술가 등등이 말이다. 이 그룹들에 부여되는 특성이 바로 디오니소스적이다. 여성은 대체로 비합리적이고, 예측불가능하며, 변덕스럽다고 일컫는다. 갑자기 광기를 부리고 색광으로 돌변한다고도 한다. "경멸당한 여성의 분노는 지옥도 능가한다"(여신 헤라를 떠올려보라). 보통 흑인이나 라틴계는 "태생부터 음악적으로 뛰어나다"는 고정관념이 따른다. 여하튼 이들 집단은 이성적인 판단을 내리기엔 믿을 만하지 않다. 게다가 청년들은 아예 희망이 없다. 비명을 지르는 것 같은 음악을 만들고, 미친 듯 춤을 추고, 도무지 어디로 튈지 알 수가 없다.

희생 염소의 복귀

희생 염소에겐 무슨 일이 일어났을까? 사라져서 아예 보이지 않게 된 걸까? 절대 그렇지 않다. 희생 염소는 끝내 자신을 추방한 사람들에게 돌아온다.

희생 염소들은 디오니소스의 인도를 받아 복귀하고 있다. 집단무의식의 심해에서 다시 솟아오르고 있고, 우리 세상에 다시 태어나고 있다. 그리고 그 원형 에너지가 광분하기 전에 인간적인 모습으로 표현될 수 있기를 요청하고 있다. 디오니소스가 과거에 그랬듯 이 신은 사슬을 벗어버리고 영광의 술을 흘리며, 자기 소리를 들어달라고 요구한다.

그의 목소리를 듣지 않을 수 없다. 신은 죽일 수 없다는 것이 진리이기 때문이다. 억압하고 희생시키고 잠시 지하

세계로 추방할 수는 있지만 그는 늘 새롭게 되살아난다. 영영 제거할 수는 없는 것이다. 우린 모두 엑스타시의 원형을 내면 깊숙이 간직하고 있다. 의식을 갖고 존엄하게 이를 살아내야만 한다. 희생 염소 디오니소스는 돌아오고 있다. 우리는 그를 인정하고 기쁨으로 맞이해야 한다.

빛으로 가득한가, 공기로 가득한가?

대단한 개막이었다. 12피트짜리 우주 유영을 하는 우주인
과 비행선이 와이어에 매달려 군중 위를 날았다. 눈부신
스포트라이트와 번쩍거리며 터지는 플래시, 사방에서 뿜
는 연기, 귀를 멀게 하는 굉음이 무려 4분간이나 지속되
었다. 수천 명의 소년과 청년이 뒤엉켜 밀고 밀치며, 발을
구르며, 춤을 췄다. 요란한 밴드 소리에 점점 중독되자 군
중은 거의 폭동 수준으로 광란했다. 쇼가 절정에 달하자
공기를 주입하여 팽창시킨 엄청난 크기의 바닥이 무대 중
앙 니코 맥브레인의 드럼 세트를 부풀어 오르게 하면서
무대 15피트 위로 우뚝 솟게 했다.

_ 아이언 매이든 헤비메탈 밴드 감상평 "올라간 것은 내려와야만
   한다"(1987. 2. 23. *The Oakland Tribune*, 래리 켈프 기자)

익명

세멜레는 제우스가 뿜는 조이의 빛으로 가득 차 디오니소스를 임신한다. 그러나 신의 광채를 보게 해달라는 불가능한 부탁을 하면서 그녀는 파괴되고 만다. 세멜레의 삶과 죽음에서 디오니소스적 에너지의 긍정적 측면과 부정적 측면을 볼 수 있다. 곧 열정과 팽창이다.

열정과 팽창

열정Enthusiasm은 진정 신적인 단어다. "신으로 가득하다"(엔-테오-이즘en-theo-ism)라는 뜻이기 때문이다. 그러므로 열정의 도가니에 빠진다는 것은 신으로 가득하게 된 상태라 말할 수 있다. 영혼이 고취되고 자아가 활기에 가득 차는 것은 실로 아름다운 경험이다. 조이 역시 이 경험의 일부이다.

반면 팽창Inflation(융도 이 단어에 그런 의미를 부여했다)은 공기, 보통 뜨거운 공기로 가득 찬 것을 말한다. 팽창은 에고Ego가 부풀어올라 오만하게 되는 것이다. 이것은 자기중심적이어서 바람, 영을 자기 에고와 착각한 나머지 한껏 바람든 멍청이가 되는 일이다.

우리는 그 차이를 알아야 한다. 열정은 온당한 것으로 신이 찾아온 것인 반면 팽창은 늘 무언가 파괴시키고 끝이 난다. 어떤 에너지의 흐름이 멈출 수 없는 것으로 느껴질 때 그것을 멈춰야 한다. 브레이크를 밟을 수 없고, 감속할 수 없다면 뭔가 해야 한다. 뛰어내려서 탈출을 감행해야 한다. 어떻게든 멈추어야 한다. 그렇게 내 삶에 들이닥친 것, 멈출 수 없는 힘으로 다가오는 것이야말로 가급적 빨리 멈추게 만들어야 한다. 그것이 팽창의 징후를 알아보는 시금석이다.

팽창은 일정부분 정신적 상처와 같으며 사실 경미한 정신병이라 할 수 있다. 이성을 잃고 정상궤도에서 벗어나 유사 광신도처럼 되는 것이다.

나를 포함해서 누구도 팽창에 면역력을 갖고 있지 못하다. 런던의 강연회에서 열정이 넘쳐 자만심에 빠진 내 강연을 조용히 듣던 영국인이 나를 손가락으로 가리키면서 "당신, 이단이고 광신자요"라고 했다. 잊지 못할 경험이다. 순간 맥이 빠졌거니와 이후 다시는 그런 광신적인 모습에 빠지지 않도록 주의하게 됐다. 그 사람이 나를 일깨워준 것이다.

전기와 관련된 유도 및 전도라는 용어는 열정과 팽창을 설명하는 데 요긴하다. 유도는 열정의 특성을 말해준다. 어떤 에너지원 근처에 있기만 해도 전압이 가해지고, 따뜻해지거나 가속화되지만 그렇다고 그 에너지가 직접 내 시스템에 흐르는 것은 아니다. 예를 들어 라디에이터 근처에 서 있기만 해도 몸은 따뜻해진다. 하지만 전도는 에너지원과 직접 접촉하는 것이다. 전기 콘센트에 손가락을 넣어 감전되는 것처럼 에너지가 직접 흘러버리는 것이다.

변압기는 유도의 원리로 작동한다. 일정 볼트의 전기가 코일을 통과하여 되돌아가게 한다. 그러면 다른 코일에서는 유도 작용에 의해 가정에서 사용하기 적당한 낮은 볼트가 생성되는 것이다. 그러나 일차 세트에 흐르는 전기가 직접 이차 세트에 들어가는 것은 아니다.

그것은 아주 훌륭하고 안전하며 제어하기도 좋은 에너지 변환 방법이다. 세멜레가 임신할 수 있었던 것도 제우스가 나타나 옆에 있음으로 유도된 것이라 할 수 있다. 이런 방식으로 우리가 신이나 집단무의식과 함께 있으면 안전하다. 10만 볼트의 무의식 에너지는 나름으로 흘러도 우리 일상생활에는 110볼트가 흐르고, 덕분에 환하게 생활할 수 있는 것이다.

그러나 전도는 얘기가 다르다. 그것은 10만 볼트가 그대로 이차 세트에 감전되어 폭발시켜 버리는 것이다. 거실 벽 콘센트에 갑자기 10만 볼트 전기가 들어와 버리는 셈이다.

그럼 모든 것이 파괴된다. 세멜레가 천둥 번개의 신 제우스의 빛나는 얼굴을 직접 보자 재가 된 것과 같다.

그렇다. 유도는 열정을 불러일으키지만, 전도는 팽창을 발생시킨다. 이는 우리가 앞으로도 계속 참고할 좋은 모델이다.

팽창, 브레이크를 밟으라

팽창, 즉 감전이 일어나면 우리는 미친 것처럼 행동한다. 디오니소스를 만취한 바쿠스로 만든 것을 격하라고 하는 이유가 그것이다. 만취상태란 팽창이기 때문이다. 술에 만취하면 제일 먼저 자신이 취한 상태임을 알아차릴 능력을 상실한다.

자신이 팽창 상태에 있음을 스스로 알아채는 건 어렵다. 팽창에 들어가면 이미 때가 늦은 것이다. 자신에게 도취된 나머지 어떤 객관성도 갖지 못하기 때문이다. 그럼 어떻게 할까? 강연 중에 건너편 벽에 반향 되는 내 음성이 격앙되었다 치자. 징징대며 울부짖는 것 같은 고음이 들리면 알아차려야 한다. 내가 팽창 상태에 들어갔음을 말이다. 아마도 청중은 그때까지 적어도 삼십 분 이상 곤욕을 치르고 있었을 수 있다. 나는 그런 음성이 들리면 그저 말하기를 멈춘다. 그리고 심호흡을 한 다음 보다 인간적인 톤으로 이야기를 계속하려 노력한다.

그런데 불행히도 팽창 상태가 표준이 되어버린 사람들이 있다. 사실 관심을 끌려면 어느 정도 과장이 필요하다. 자동차 판매 광고를 보면 모두 "세기의 결작"을 판다. 도심에 가면 우리 주의를 끌려는 과장된 광고가 연신 플래시처럼 터지는 네온사인의 밀림을 지난다. 그러다 햄버거 가게에라도 들어가면 감자튀김엔 아예 작은 사이즈라는 게 없다. 전부 "보통" 아니면 "큰 것"이다. 현대인은 수백 가지 이유로 지쳐 있다. 팽창이 일어나지 않는 한 사는 것 같지가 않다. 자동차에서 끼익 소리가 나도록 타이어를 혹사하고 고막이 터지도록 음악이라도 틀어야 하는 것이다.

우리는 영spirit의 일을 열정보다는 팽창에서 찾도록 단련되어 있다. 디오니소스를 팽창의 형태로 드러내다 보니 해변에서 누드로 춤을 추고, 집단 섹스를 행하고, 술 취해 소리지르고 도시를 떠들썩하게 만든다. 현대인에게 디오니소스는 악명이다. 디오니소스를 진지하게 논하지 못하게 만드는 이유가 그것이다. 이 세상에서 디오니소스와 관련해서 이슈가 되는 건 대부분 팽창의 파괴적인 모습들이기 때문이다.

디오니소스의 부정성이 극명하게 드러난 예는 1930년

대와 40년대의 나치즘에서다. 유대인들을 잔혹하게 희생양으로 삼은 파괴성에서 말이다. 당시 독일인들의 집단무의식에 애당초 흐르던 에너지는 그 자체로는 문제가 아니다. 그러나 그 에너지가 독일인들의 에고에 고착되자 세상이 지금껏 본 적 없는 최악의 광기와 팽창으로 나타난 것이다. 에너지의 깨임이 바로 난파로 이어진 셈이다!

나치즘의 발흥 자체도 무척 흥미롭다. 융 박사는 1차 세계대전이 끝난 직후 독일인들의 집단 사이키에 무언가 전조가 나타난다고 느꼈다. 그는 1921년에 처음으로 그 느낌을 글로 썼다. 금발의 야수가 독일인들의 무의식을 휘젓고 있다고 말이다. 그런데 1930년대 초에 이르러 그 야수는 나치즘으로 모습을 드러냈다. 이어 제2차 세계대전의 광풍이 일어나 유럽을 황폐하게 만든다. 이 얼마나 큰 교훈인가! 융은 나치운동에 에너지와 연료를 부어준 건 독일판 디오니소스인 보탄Wotan이라고 생각했다. 보탄은 다시 베르제르커Berserker, 즉 "폭한暴漢"이라 하며 영어로도 동일하게 버서커Berserker라고 하는데, "광폭하게 날뛰는 사람"을 의미한다.

유럽에서 몇 세기동안 제3제국이 일어나 구원할 것이란 예언이 돌았다. 융도 물론 이 예언을 알고 있었다. 그래서 나치즘이 독일인들의 집단무의식에서 솟구쳐 올라 그들을 제3제국이라 칭했을 때 신중하게 관심을 기울였다. 그는 지켜보고 기다리고 살피면서 의문을 가졌다. 이게 정말 예고된 보탄일까? 장차 나타나 유럽에 광명을 비친다는 그 구원자일까?

독일에서 어느 날 융은 히틀러 집회에 가서 그 독재자가 말하는 걸 들었다. 융의 희망은 산산조각이 났다. "저것은 광기다!" 생각한 융은 그때부터 나치즘에 반대하는 글을 쓰기 시작했다. 그의 글이 반향이 컸기 때문에 전쟁이 끝나기 전까지 융의 목에 현상금이 걸릴 정도였다.

열정주의!

디오니소스 에너지의 부정적인 측면이 나치즘 같은 무시무시한 사례로 표출될 수 있다면 아예 디오니소스적인 것과 거리를 두고 싶어할 것이다. 흔히 이런 말을 한다. "그 사람 위험해. 사람들을 미친 짓하게 만들잖아." 그러나 사람들이 병원에서 죽는다고 병원은 가지 말라는 말과 똑같다. 그럴싸하게 들리지만 인정하기 어려운 주장이다. 신으로 채워진 열정과 뜨거운 공기로 가득 찬 팽창을 구별할 줄 알면 위험하지 않다.

그러면 우리는 어떻게 안전하게 디오니소스를 우리 삶에 초대할 수 있을까? 열정을 통해서이다! 엑스타시를 의식적으로 또 존경스럽게 표현하려면 기꺼이 수용하는 마음으로 정면에서 맞아들여야 한다.

열정은 서로 반대되는 양극성의 간격을 무효화한다. 이것이 엑스타시의 기쁨Ecstatic Joy을 가져다준다. 열정을 통해 신이 방문할 때 우리는 삶에서 이것 아니면 저것이라는 이원성을 초월하고, 하나 됨을 이룬다. 이것은 값을 정할 수 없는 경험이다. 적어도 잠시는—왜냐하면 우리는 그 이상 버틸 수 없기 때문에— 삶의 양극성이 가져다주는 괴로움이 멈추게 된다. 양극의 십자가를 초월할 때 우리는 엑스타시에서 오는 조이를 발견한다.

신과의 결합

> 당신이 열등 기능을 갖고 있는 게 아니라, 그것이 당신을
> 갖고 있는 것이다.
>
> _ C. G. 융

펜테우스, 리쿠르구스, 해적선의 선원들 중 그 누구도 디오니소스를 제어할 수 없었다. 생명의 흐름을 밧줄이나 규범으로 붙잡아둘 수 없다. 마찬가지로 우리도 내면의 엑스타시 원형의 타고난 자유를 제어하거나 억눌러 둘 수 없다. 어떻게든 터져 나온다. 그것이 본성이다.

그러므로 엑스타시 경험을 거절할 게 아니라, 추구하고 환영하며 맞아들일 일이다. 온전히 이해하지도 통제할 수 없는 것을 초대해 들인다는 것은 당연히 불편한 일이다. 우리 내면의 이 통제불능의 면을 융은 열등 기능inferior function

이라 했다. 열등 기능을 통해 우리는 그동안 접하지 않았던 디오니소스 에너지와 만날 수 있게 된다.

네 가지 기능

이 책 전반에 걸쳐 사고와 감정, 감각과 직관의 영역을 언급했다. 이제 그 네 가지를 보다 심도 있게 탐색하면서 디오니소스 경험과 어떤 연관을 갖는지 보기로 하자.

융 심리학은 인간의 성격에는 네 가지 측면 혹은 기능이 있다고 말한다. 사고thinking는 무언가에 대해 생각하는 것이고, 감정feeling은 가치와 상관이 있으며, 어떤 상황에 대해 어떻게 느끼는지와 관련된다. 직관intuition은 관념과 결과, 상황에 대해 비언어적이고 비합리적으로 인식하는 것을 말한다. 감각sensation은 대상의 물리적 세계, 즉 크기, 모양, 색깔, 냄새 및 소리를 이성이 아니라 감각으로 지각하는 것이다. 융은 그 네 가지 기능을 이렇게 설명한다.

감각은 본질적으로 무언가가 있음을 말해주는 것이며, 사고는 그것이 의미하는 바를, 감정은 그것이 갖는 가치를, 직관은 그것이 언제 오고 언제 사라질지 짐작케 하는 기능이다. 감각과 직관을 나는 비이성적 기능이라 부르는데 둘

다 벌어진 사태에 대해 관여하고, 실제 혹은 잠재된 현실을 파악하는 것이기 때문이다. 사고와 감정은 차별하는 기능이기 때문에 이성적이다. 감각은 보통 동시에 일어나는 직관의 활동을 가로막는데, 직관은 현실에 관여하는 것이 아니라 잠재된 가능성을 육감적으로 파악하는 것이기 때문이다. 그러므로 현실의 파악이라 할 감각이 지나치게 직관을 억누르지 않도록 주의해야 한다. 마찬가지로 사고와 감정도 서로 반대된다. 사고가 감정의 가치판단에 너무 영향을 받아 원래의 목적에서 빗나가는 것은 옳지 않다. 감정이 너무 많은 생각에 눌려 무효가 되는 것이 옳지 않듯이 말이다.

인생 초기에 우리는 첫 번째 기능을 작동시킨다. 의식에서 그 기능이 소소하게 발휘되기 시작하는 것이다. 첫째 기능이 잘 서면 두 번째 기능이 더해진다. 대체로 이 과정은 우리 문화권에서 사춘기 초기에 벌어진다. 그런 다음 준비가 된 사람에게 세 번째 기능이 시작된다. 이리하여 우리가 보통 일상의 의식이라 하는 것이 확립되는 것이다.

그런데 사람들은 보통 한 가지 기능에 "특화"된다. 대체로 자신에게 무척 자연스럽게 다가오는 기능이다. 이것을 우월 기능superior function이라고 한다. 그리고 이것과 쌍을 이루는 반대편, 대체로 통제가 잘 안 되는 기능을 열등 기능이라고 하는 것이다(이것은 정말 단순화시킨 설명이다. 현실에선 이론처럼 분명하게 기능들을 구별하기가 쉽지 않다는 점을 기억하라). 우리들 각자는 네 가지 기능 모두 어느 정도는 갖고 있다. 그것들이 서로 복잡하게 상호작용하는 가운데 각자의 개성이 드러나는 것이다.

어떤 게 나의 열등 기능일까?

모든 게 순서대로 진행되어 열등 기능을 포함한 네 가지 기능이 제대로 작동된다면 완벽하다고 생각할 수 있다. 이론적으로 보자면 네 가지 기능 모두 의식화가 되면 그 사람은 깨달은 사람이다. 그렇지만 현실에서 그런 사람은 드물다. 이 네 가지 성격 기능에 익숙한 사람들이 흔히 이렇게 말하는 걸 듣곤 한다. "난 지금 네 번째 기능을 연습 중이야. 거의 마무리할 때가 되었어." 불행히도 그런 일은 없다. 우린 기능을 순서대로 첫째, 둘째, 셋째, 넷째로 익혀가는 게 아니다. 네 번째 기능의 도래는 재앙으로 시작된다. 적어도 에고의 관점에서는 존재를 위협하는 걸로 다가온다는 말이다.

네 번째 기능은 우리가 그때까지 경험하지 못한 삶을 대표한다. 이제껏 정면으로 다뤄본 적이 없기 때문에 그것이 분출할 때는 보통 정신을 잃을 만큼 두렵다. 완전히 어찌할 바를 모르게 된다. 에고가 더 이상 쇼의 주인공이 아니다. 도무지 정상적인 행동을 할 수가 없게 되는 것이다. 세 기능만 작동하던 정상적인 의식에서는 그토록 쉬웠던 행동들이 말이다. 보통 이런 일은 45세 전후해서 발생한다. 그러나 더 늦은 시기에 찾아오는 경우도 많다. 그만큼 성숙하고 경험이 쌓여야 전체성wholeness이 제멋대로 출현하는 사태를 감당할 수 있기 때문이다.

이쯤해서 자연스럽게 떠오를 의문은 "대체 내 열등 기능이 무엇인지 어떻게 알 수 있다는 거지?" 하는 것이다. 융의 대답을 대신 내놓으려니 좀 미안하지만, "사자가 당신을 언제 삼켰는지 알 수 있느냐는 질문과 똑같습니다."

열등 기능의 주요 특성이 우리가 제어할 수 없다는 것이다. 열등 기능이라는 명칭답게 우리는 이전에 그 기능을 별로 쓰지 않았다. 그래서 원초적 에너지를 고스란히 간직하고 있다. 그 에너지가 어느 정도 빠지고 나서야 우월 기능이 희박해지고 더 이상 자신에게 적절하지 않다고 느낄 것이다. 그렇듯 열등 기능은 그동안 쓰지 않은 에너지를 그대로 지닌 채 강렬하게 우리를 엄습한다.

우리는 보통 네 가지 중 한 가지 기능에 특화된다. 그것으로 돈도 벌고, 그것으로 주위사람들에게 알려져 있을 것이다. 당신이 감각을 우월 기능으로 사용한다면 물리 세계에 능통할 것이다. 사물의 크기, 모양, 무늬, 위치 등을 재빨리 파악하고 별반 의식하지 않고도 주변에서 그런 것들을 쉽게 알아차린다. 이런 사람에게 직관은 열등 기능이 된다. 당신은 구체성을 갖고 설명하는 데 익숙하다. 반면 알려지지 않은 미래를 직관적으로 짐작하고, 예견하는 일에는 서툴 것이다.

자기 성격에서 억압해놓은 자료들은 자동적으로 열등 기능 주위를 맴돌기 시작한다. 사고유형을 예로 들어보자. 사람들이 가장 익숙해하는 유형이다. 사실을 중시하는 우리 사회의 지배적 유형이기 때문이다. 사고 유형은 어떤 상황에 대해 정보를 갖고 좋다 나쁘다, 옳다 그르다 판단하는 유형이다. 그런데 당신이 사고 유형인데 늦은 밤까지 잠이 안 와 뒤척거린다면 그때가 열등 기능에 잠식당할 때이다. 그래서 열대 낙원에 가서 부어라마셔라 난장판 파티라도 하고픈 은근한 욕망이 감정이라는 열등 기능을 통해 슬며시 엄습해오는 것이다.

감정 유형은 이성적 판단을 정서적 차원에서 편하다 편치 않다, 좋다 끔찍하다 등 그 순간에 어떻게 느껴지느냐에 따라 내린다. 당신이 감정 유형이라면 질 낮은 사고가 디오니소스적 형태로 난립해서 스스로를 괴롭히고 있을 확률이 크다. 일주일에 최소 세 번은 유토피아와 에덴의 낙원을 쌓아올릴 것이다. 하지만 쉽게 온 건 쉽게 사라진다는 말처럼 그 낙원은 당신 곁에 오래 머물지 않는다!

직관 유형은 상황 전체, 그 배경과 현재 그리고 끝이 어떠할 것인지를 비이성적으로 단번에 파악한다. 의식하지 않고도 그렇게 할 수 있는 것이다. 당신이 직관 유형이라면 대략적인 인상과 추상적인 개념으로 사태를 포착할 것이다. 감각이 열등 기능이기 때문에 구체적인 내용을 파악해서 거기 근거하기보다는 말이다. 정말 직관이 뛰어난 건축가를 만나본 일이 있다. 불행히도 이 건축가는 빼어나게 아름다운 도서관을 건축하긴 했는데 벽이 너무 굴곡져서 서가를 세울 수가 없었다. 열등 기능으로 돈을 벌려고 해서는 안 된다!

열등 기능이 압력을 받을 때

당신은 아마 자신의 우월 기능을 한도에 달할 때까지 혹사하고 싶겠지만 무의식은 당신의 내면을 간파한다. 하지만 열등 기능은 어떻게든 보호해주어야 한다. 압력을 받으면 광기를 부리기 때문이다. 예를 한번 들어보자.

감각 유형인 친구 하나가 첫 차를 산다고 해서 같이 갔다. 내 열등 기능은 사고다. 뭘 생각하는 게 나한테는 악몽이다. 내가 사고 기능을 발휘하는 것처럼 보이는 것은 사실 구멍을 메우고, 허점을 보상하기 위해 끌어들인 직관적 성격의 것이다. 그게 나름 잘 통해서 나는 생산적인 결과물을 꽤 많이 냈다. 하지만 사고가 의식적인 기능인 것처럼 그렇게 작동하는 것은 사고가 아니다.

여하튼 친구와 나는 함께 차를 둘러보았다. 전혀 다른 두 사람이 함께 차를 고르고 있는 것이다! 나는 직관과 감정 기능이 작동해서 마음이 분주하다. "차 대리점에 가서 새 차 가격이 얼마인지 알아본 다음에 말이지. 신문 광고를 두루 한번 살펴보는 거야. 그런 다음에 거리를 지나가는 차들을 보면서 겨울용 타이어를 같이 장만해야 할지 아님 가을까지 기다려도 될지 판단해 보는 거야." 내가 아직도 한참 떠들고 있는데 친구가 난감해하며 짜증을 냈다. "로버트, 그만해! 난 폭스바겐 매장으로 갈 거고 거기서 차를 한 대 살 거야. 자넨 한 마디도 하지 마!"

내 머릿속에 직관으로 쏟아져 나오는 모든 가능성이 그 친구에겐 그냥 소음이었을 뿐이다. 참을 수 없을 정도로 말이다. 그래서 우린 곧장 폭스바겐 매장으로 직행했고, 나는 아무 말도 하지 않았다. 다른 종류의 차나 겨울용 타이어

같은 얘긴 아예 꺼내지도 못했다. 그는 차를 몰고 집에 가면서 나한테 한 마디도 안했다. 이 모든 게 자신의 열등 기능이 압박을 받으면서 생긴 일이다. 그러나 각자의 바로 이 날것, 가공되지 않은 취약 부위를 통해서 그 사람에게 신의 광채가 드러난다.

신과의 연결점

칼 융은 열등 기능이 언제나 신과의 연결점이라고 말한다. 신은 달리 도래하지 않는다는 것이다. 다른 면에서는 우리가 신을 효과적으로 차단할 수 있지만 열등 기능을 통해 오는 신을 막을 수는 없다. 열등 기능은 우리의 통제 밖이기 때문이다. 그것은 마치 사방을 막지 않고, 세 방향만 막은 울타리 안에 황소를 가두어 둔 것과 비슷하다. 세 방향의 울타리가 고장 나면 잘 고쳐 자물쇠로 걸어둔다. 그런데 한 방향은 내 것이 아니라 이웃의 소유라면 그는 황소가 어찌되든 관심이 없다. 그래서 울타리를 세워두지도 않는다 치자. 그러면 황소가 언제고 그 뚫린 울타리, 우리가 어쩔 수 없는 울타리를 통해서 뛰쳐나올 수 있는 것이다.

황소처럼 열등 기능도 언제고 뛰쳐나올 수 있다. 그런데 성난 황소가 뛰쳐나오면 달아나야 하지만 열등 기능이 분출될 때는 달아나서는 안 된다. 오히려 열등 기능으로부터 달아나지 않는 것이 핵심이다. 기꺼이 맞이해서 참아내고 함께 해주어야 열등 기능 안에 내재한 디오니소스적 속성을 회복할 수 있는 것이다.

직관이 우월 기능이라 치자. 그래서 아이디어도 잘 떠올리고, 추상화도 잘하고, 좀 허황된 생각도 하고, 가능성도 잘 본다. 대신 이런 사람은 감각이 열등 기능이다. 감각과 역학의 세계에 대해서는 손발의 기능이 엉킨 것처럼 서툴게 진입한다. 이런 사람이 열등 기능을 쓰려한다면 토요일 오후 집 뒷마당에서 뚝딱거리며 새집을 만드는 일에 도전할 수도 있다. 그래봤자 엄지는 망치에 다치고, 반창고를 잔뜩 붙이며 고생해서 만든 작품이 어딘가 어설프고 그러겠지만 말이다. 하지만 이렇게 열등 기능에 노출됨으로 해서 모종의 엑스타시 속성이 일깨워질 수 있다. 평소 생활의 면면에서는 별로 접하기 힘들었던 속성이 서툰 관문을 통해 나타날 수 있는 것이다. 디오니소스적 기능이 자신을 드러내는 것은 그와 같은 일을 통해서다.

열등 기능에는 강박적인 게 따라붙는 경우가 많다. 광신적이 되거나 과도하게 격렬한 주장, 파괴적인 말이나 행동을 알면서도 하는 것 등은 우리가 팽창에 빠져들고 있다는 징후다. 열등 기능의 강박적인 힘을 경험하고 있는 것이다.

그런 경험은 고통스럽지만 바로 그 때문에 디오니소스의 정신을 회복할 수 있는 계기가 된다. 괴로워서라도 내면 작업inner work을 통해 일찌감치 잘 차별화해서 발전시킨 다른 정신 기능들과 조화를 이루고자 노력하기 때문이다. 나자렛Nazareth에서 무슨 좋은 것이 나오겠느냐고? 최고의 것, 가장 좋은 선이 나오지 않았는가? 마찬가지로 가장 열등한 것에서 최고의 영적 발달이 나온다.

디오니소스는 어떻게 열등 기능에 들어가는가?
: 꿈

예전에 큰 충격을 준 꿈을 꾼 일이 있는데, 그 꿈이야말로 디오니소스가 어떻게 열등 기능을 거치는지 보여주는 꿈이다. 꿈의 내용은 이렇다.

남자아이 하나가 물에 빠져 익사했다고 해서 사람들이 그 시신을 찾고 있었다. 그런데 발로만 찾으라는 것이다. 손을 쓰거나 다른 수단을 쓰면 안 되었다. 나는 열심히 강을 휘젓고 다녔지만 도무지 발로는 시신을 찾을 수가 없었다. 결국 고개를 뒤로 젖히고 조금 더 깊은 곳으로 들어갔다. 그런데 그 순간 발에 시신이 걸리는 것이었다. 나는 어찌어찌해서 손을 쓰지 않고 익사한 소년의 시신을 강 밖으로 꺼냈고, 집으로 데리고 가서 침대에 눕히는 데까지 성공했다. 그런데 보니까 시신에서 빛이 뿜어져 나오고 있었다. 마치 몸에 후광이라도 두른 듯이 말이다. 그러더니 놀랍게도 소년이 일어나 깊은 지혜가 담긴 말을 내뱉기 시작했다. 그 순간 누군가가 이렇게 속삭였다. "아이 엄마가 왔어. 애가 죽은 걸 보는 것보다 이게 더 그 엄마한테 힘들 거야."

이 꿈은 정확히 나의 열등 기능에 관한 것이다. 신체의 가장 낮은 부분인 발은 바로 열등 기능을 상징한다. 물에 빠져죽은 아이로 상징되는 내 인격의 잃어버린 부분은 바로 이 열등 기능을 통해서만 찾아내야 한다. 내가 디오니소스적 세계와의 접촉을 상실한 것도 그 소년의 나이쯤이었다. 기본적으로 앵글로색슨적인 내 성장 환경에 적응해 훈육되면서부터다. 잃어버린 아이를 되찾는 것은 열등 기능을 통해서다. 그를 다시 의식에 들어오게 하고, 그로 대표되는 빛나고 활기찬 특성을 되찾아야 하는 것이다. 마지막에 누군가가 속삭인 말은 그 일이 어머니 콤플렉스, 즉 유아기로 퇴행하고픈 욕구를 희생시켜야만 가능함을 암시한다.

몇 년 뒤 나는 이 꿈의 의미를 새로운 차원에서 재발견했다. 그리스도교 상징주의에서 보면 고딕 성당에 들어가려면 두 개의 뾰족한 탑 아래 서쪽으로 난 문 중 하나를 통해서 들어가야 한다. 성가대석 쪽으로는 문이 없다. 남쪽과 북쪽의 수랑守廊에는 문이 있지만 공식적으로는 쓸 수 없는 문이다. 왜 그럴까? 고딕 성당은 그리스도의 몸을 상징한다. 성가대석이 머리에 해당하고 수랑(집주인의 객실)은 양팔이다. 건물 사방이 십자로 교차하는 지점이 배꼽에 해당하고 서쪽의 탑들이 바로 두 발이다. 그런데 공식적으로 천상에 속하는 것들은 이 발을 통해서만 몸에 들어갈 수 있는 것이다. 머리인 성가대석이 결코 아니다. 이러한 연유로 발바닥sole은 영혼soul인 것이다. 영혼이 들고나는 곳이 발이기 때문이다. 천상의 것이 열등 기능을 통해 도래한다는 사실을 보여주는 관습이 아닐 수 없다. 다른 길은 없는 것이다.

열등 기능을 통해 디오니소스를 의식적으로 초대할 때에고는 초대 손님을 맞이하는 주인노릇을 한다. 이때 전에 결코 상상하지 못했던 새롭고 생생한 통찰을 경험하게 될 것이다. 이제 다음 부분에서 그렇게 할 수 있는 심리적 방법이 무엇이 있는지 배워보기로 하자.

2

엑스타시에 접하기

상당 기간 우리는 세상의 죄를 없애는 신의 어린양과 지냈다. 고결하고 아름답고 정교하게 특화된 문화가 그 과정에서 탄생했다. 하지만 이제는 염소, 그 유쾌한 디오니소스적 특성을 위해 무엇인가 할 때이다.

염소냐 양이냐의 문제가 아니다. 둘 다 포함시켜야 한다. 우리 자신의 이성적인 면과 비이성적인 면을 둘 다 존중해주어야 한다. 그리스인들이 델피Delphi 신전에서 아폴론과 디오니소스를 둘 다 공경했듯이 말이다.

하지만 그리스인들과는 달리 우리에게는 디오니소스 종교나 의례 같은 것이 없다. 현대인이 염소를 찢는 의례 같은 걸 행할 리 없다! 그만큼 효과적으로 우리 세계에서 디오니소스적 경험을 제거한 것이다. 그러니 외부에서 찾아봐야 소용이 없다. 대신 내면으로 향하고 거기서 엑스타시의 원형을 찾아내야 한다.

세 가지 심리 수련을 통해 디오니소스를 접하고 그 원형의 조이를 표현할 수 있다: 적극적 상상, 꿈작업, 의례를 통해서다. 처음 두 가지는 우리 내면의 엑스타시와 조이를 직접 접할 수 있는 탁월한 방법이다. 그러한 맥락에서 두 방법을 논할 것이다. 세 번째 방법은 현대 세계가 많이 무시해온 방법이다. 하지만 의례는 우리가 디오니소스적 요소와 접하고, 그 엑스타시 경험을 형식화해서 담아낼 수 있도록 돕는다.

시작하기 전에

우리는 자신을 단일한 개인으로 생각하는 경향이 있다. 하지만 깊이 들여다보면 우리는 복수의 존재임을 잊지 말아야 한다. 분명하게 구별되는 복수의 인격, 행동, 원형, 표현양식들로 이루어진 존재인 것이다. 처음 수면 아래로 들어가 이 여러 인격들을 탐색할 때는 불편할 수밖에 없다. 미지의 해역을 탐사하는 셈이기 때문이다. 신이 처음 모습을 드러낼 때는 대체로 무섭고 우리의 반응 또한 필사적으로 거기서 도망가는 것도 그래서다.

그래서는 안 된다! 모든 것이 같은 근원에서 비롯된다는 것을 기억해야 한다. 그리고 그 하나 됨의 일치를 회복할 수 있다. 어디선가도 말한 바 있듯 내면작업은 니케아신

경의 첫 구절 "크레도 인 우눔 데움Credo In Unum Deum, 즉 나는 한분 이신 하느님을 믿습니다"처럼 시작하면 좋다. 심리적으로 해석하면 이 말은 하나의 근원, 하나의 기원에서 모든 생명 있는 것들이 나왔고, 또 그리로 돌아간다는 것을 의미한다. 당신은 길을 잃을 수 없다. 이미 집에 있기 때문이다.

융은 인간이 창조에서 특별한 역할을 담당한다고 했다. 의식의 활동에 기여하고 도덕성을 최고도로 확장시키는 역할이 인간에게 있다는 것이다. 날것으로서의 원형은 토네이도처럼 도덕적으론 맹목이다. 토네이도는 뭘 파괴하는지 뭘 무너뜨리는지 아랑곳하지 않는다. 그저 제 행로대로 움직일 따름이다. 그런 토네이도를 우리는 어쩔 수가 없다. 하지만 내면의 원형과는 타협할 수 있다. 원형은 참으로 우리 자신이기 때문이다.

그러므로 원형의 세계에 대해 스스로 영향력이 있음을 잊지 말아야 한다. 서문에서 융이 에고가 집단무의식에 대해 갖는 관계를 코르크와 그것이 떠다니는 바다의 관계로 비유했다는 사실을 언급했다. 하지만 에고는 의식을 갖고 있기 때문에 무의식과 대등하게 대화를 나눌 수 있다. 마찬가지로 '나'와 디오니소스는 대등하게 대화할 수 있다. 게다가 '나'는 의식할 수 있다는 점에서 헤아릴 수 없는 가치를 지니고 있다. '나'도 원형도 집단무의식이라는 동일한 근원에서 솟는다. 그러므로 공통 기반을 찾을 수 있고 화음을 낼 수 있는 것이다.

이 점을 염두에 두고 디오니소스를 찾도록 하자.

적극적 상상
: 원형과 만나기

자, 당신은 누구고 어디서 오셨소?

_"펜테우스가 디오니소스에게",

에우리피데스, 『바쿠스 무녀』

적극적 상상active imagination은 칼 융이 개발한 기법인데 일상의 현실을 잘 유지하면서도 신화적 실재에 다가갈 수 있게 하는 아주 훌륭한 수단이다. 적극적 상상을 통해서 전에는 무의식에 살고 있던 자신의 여러 다른 부분들과 의식적으로 대화할 수 있다. 지금 우리는 디오니소스와 그렇게 만나려고 한다. 융은 이렇게 말한다. "이 방식을 통해서 자신 안에 살아 숨 쉬는 생각, 감정, 정서들과 만날 수 있다. 그게 가능하리라고 전에는 결코 생각지도 못했지만 말이다."

상상의 차원은 작업을 하기에 정말 탁월한 장소다. 그 차원이야말로 디오니소스의 처소이기 때문이다. 디오니소스라는 엑스타시는 두 세계를 넘나들면서 두 세계를 초월한다. 상상은 의식도 아니고 무의식도 아니다. 둘 사이에 놓인 무엇이다. 이 상상이라는 접경에서 에고와 원형은 대등하게 만나 말하고 서로에게 배운다.

적극적 상상을 처음 시작하려면 쉽지 않을 수 있다. 경험을 해봤거나 비슷한 기법을 해본 적이 없다면 말이다. 처음 시도해보는 사람은 상상 속 이미지의 범람에 깜짝 놀랄 수 있다. 그만큼 강력한 도구인 것이다. 『내면작업Inner Work』에서 했던 경고를 여기서도 반복해야겠다. 상상에 너무 압도될 때 도움을 청할 수 있는 사람을 마련해놓고 적극적 상상을 시작하도록 하라.

시작하기

적극적 상상은 "멋대로 꾸미기"가 아니다. 이미 소유하고 있지만 의식하지 못했던 정보가 수면 위에 떠오르도록 허용할 따름이다. 적극적 상상은 꿈과 비슷하다. 꿈에서 이미지의 흐름을 검열하지 않는 것처럼 적극적 상상도 마찬가지다. 다만 적극적 상상은 완전히 깨어 있는 상태에서 수

행한다는 것이 다를 뿐이다. 명칭이 말해주듯 수동적인 백일몽과도 다르다. 적극적 상상은 영화를 보는 것처럼 내면의 드라마를 마냥 구경만 하는 게 아니다. 오히려 드라마 속의 배우가 되는 일이다. 의식의 자아가 상상을 통해 등장하는 상징적 이미지들과 적극적으로 대화하고 참여하기 때문이다.

적극적 상상을 할 때는 방해받지 않을 나만의 조용한 공간이 필요하다. 일상 세계가 줄곧 밀려드는 데서 심리 속 이미지와 대화 나누기란 어렵다.

내면의 대화를 기록할 방법도 생각해두어야 한다. 내면 작업은 기록이 중요하다. 나중에 자세한 내용이 생각나지 않을 수 있기 때문이다. 펜과 종이를 준비해두든지, 컴퓨터가 편하면 그걸 사용해도 좋다. 어쩌면 통찰한 것을 그림이나 색으로 표현하고 싶을 수도 있다.

이제 심신을 편안히 하라. 자꾸 뭔가 기대하는 에고의 마음을 텅 비우고 이미지들이 자유롭게 떠오르게 하라. 그것들을 검열하지도 말고, 놀라지도 마라.

이미지가 스스로 말하게 하는 것이 중요하다. 이미지는 결국 당신 안에서 솟아난 것들이다. 그들의 입에 할 말을 심어주거나 대화의 방향을 지시해서는 안 된다. 그저 그들이 하는 말에 주의를 기울여라. 긴장을 풀고 마음을 열면 적극적 상상 속 이미지들은 어렵지 않게 말을 걸어 올 것이다.

이미지가 한 말이 무슨 뜻인지 난해할 수 있다. 그럴 때는 물어보라. 의식의 마음이 가진 질문에 무의식의 마음이 해답을 준다는 사실을 발견할 것이다. 마치 간밤의 꿈이 오래 고민하던 문제에 해답을 주듯이 말이다. 의식의 마음이 무의식의 답을 수용하면 둘의 관계는 달라진다. 이로써 둘 사이에 소통의 관계가 확립되고 온전한 통합으로 나아갈 토대가 생긴다.

대화의 예

적극적 상상에서 일어나는 대화의 한 사례를 살펴보자. 사례 여성은 대화의 내용을 타자를 쳐서 기록했다. 그 여성은 디오니소스는 "디", 자신은 "나"라고 표기했다.

> 나 (나는 숲 끝자락 바위에 앉아 있는 황금색 젊은이를 보았다.) 안녕, 디오니소스. 당신은 왜 그리 찾기가 어렵죠?
>
> 디 글쎄요, 난 늘 여기 있는데.
>
> 나 여기가 어딘데요?
>
> 디 당신 안에요. 안 보여요?

나 보입니다. 하지만 전에는 본 적이 없어요.

디 그건 묻지 않아서 그래요. 나는 늘 여기 있습니다. (그 가 웃었다)

나 어떻게 하면 내 삶에 엑스타시의 특성을 살릴 수 있는 지 알고 싶어요. 그렇다고 그것에 장악당해도 곤란하 겠지만. 어떻게 해야 해요?

디 당신은 나를 좀 더 잘 알아야 해요. 밖에서 알고들 있 는 것처럼 난 그렇게 나쁘지 않답니다.

나 그래요? 자신의 좋은 점에 대해서 좀 얘기해주세요.

디 음, 나는 그림 그리고 색칠하는 걸 좋아해요. 그리 고 시는 나한테 무척 중요하답니다. (그가 활짝 웃는 다. 기분이 아주 좋아보였다. 머리에서 황금빛이 더욱 환하 게 빛났다.)

나 당신이 그렇게 가까이 있는 줄 몰랐어요. 당신이 아주 잘 보입니다.

디 (갑자기 목소리를 변조하면서) 우리 신들이 늘 여기서 그 렇게 마냥 따분하게 있었다는 사실이 놀랍지 않습니 까?

나 유머 감각이 있으시네요.

디 나도 압니다. (그가 웃기 시작했다.)

나 당신을 표현하려면 어떻게 해야 해요?

디 뭐 나한테 농담을 하는 것도 좋아요. 나를 즐겁게 하니까요. 나는 즐거운 게 제일 좋아요.

나 또 어떤 게 있죠?

디 뛰고, 달리고, 하늘로 두 팔 벌려 뛰어오르고, 빙빙 돌면서 나를 생각하는 거죠. 한껏 소리 지르고 말이죠. 그러면 몸에 내 기운이 흐르는 걸 느낄 수 있을 겁니다. 이걸 밤에 해도 좋고, 낮에 해도 좋아요. 지금 한번 해보고 오지 그래요?

나 좋아요. (나는 타자하던 걸 멈추고 가서 그가 하라는 대로 했다.)

디 멋져요! 기분이 어때요?

나 웃음이 멈추질 않네요. 정말 좋아요. 감사합니다.

디 그렇죠? (그는 많은 걸 알지만 다 말하지 않는다는 듯한 표정을 지었다.)

나 더 말해주고 싶은 것 있으면 말해주세요.

디 되도록 나를 검열하지 말아주세요. 나는 당신을 사랑하고 돕기 위해서 여기 있답니다. 나는 당신 인생의 중요한 한 부분이에요. 그러니 나를 차단하면 당신은 세상과도 차단됩니다. 나는 늘 여기 이 아름다운 숲에 앉아 있을 겁니다. 당신을 숲으로 데리고 가 구경시켜주고 다시 데리고 나오고, 또 두려움에서 벗어나는 길도 보여줄 겁니다. 당신은 나를 보지 못하기 때문에 두려움을 느끼는 겁니다.

나 당신을 보고 있노라니 그게 무슨 말인지 알겠어요. 정말 기쁘고 기운이 솟는군요.

디 언제고 원할 때 나를 보러 오세요. 숲을 구경하고 싶으면 말하고요. 나는 진짜 좋고 훌륭한 가이드랍니다. 숲 반대편에 정중히 모셔 드리겠습니다.

나 고맙습니다. 보니까 십 분밖에 없는데 그걸로 될까요?

디 충분해요. 자, 갑시다.

나 (우리는 숲으로 들어갔다. 크고 부드러운 흰 꽃들이 나를 보며 웃으며 이렇게 말하는 것 같았다. "우리는 늘 여기 있었답니다. 평화를 빕니다. 우린 당신을 보호하고 있어요." 우리는 계속 걸어 들어갔다. 디오니소스는 부드럽게 웃고 있었다. 그는 아주 든든했다. 어디를 어떻게 가야 하는지 정확히 알고 있었다. 그가 손을 내 목뒤에 부드럽게 대자 등줄기를 타고 그의 에너지가 오르내리는 것을 느꼈다.)

디 저 나무를 보세요.

나 어떤 나무?

디 저기. 이 숲에서 가장 큰 나무랍니다.

나 (나는 그 큰 나무를 올려다보았다. 그런데 나무꼭대기에 원숭이가 한 마리 있었다.) 저게 뭐죠?

디 그게 바로 당신이에요.

나 그게 왜 저에요?

디 당신은 원숭이처럼 이 가지에서 저 가지로 쉽게 옮겨
    다닐 수 있기 때문입니다. 이 나무에서 저 나무, 이 가
    지에서 저 가지로 뛰어 옮겨 다니죠. 꼭대기까지 쏜살
    같이 올라갔다가 떨어지는 법도 없이 날쌔게 내려올
    수 있고요. 당신은 다치지 않아요. 그러니 즐기세요.
    자신을 기쁨으로 채우고 두려움이 들어설 자리가 없
    게 하세요. 당신은 뭐든지 할 수 있습니다. 그런데 뭐
    든지 할 수 있다는 사실을 믿어야 합니다. 저 원숭이
    를 기억하세요. 그 진실을 가지고 돌아가세요.

나 정말 감사합니다. 생각지도 못한 일이네요.

디 물론 그렇지요. 나야말로 생각지 못한 존재입니다.
    그렇지만 이렇게 가까이 있잖아요. 나는 당신이랍
    니다.

나 너무 많은 걸 오늘 깨닫게 되네요.

디 맞습니다. 자, 이제 천천히 숲을 나기기로 해요. 꽃들
    에게 감탄해주면서 말이죠.

나 (우리는 그렇게 했다. 찬란하게 빛나는 녹색의 잎을 지닌 꽃들
    을 보았다. 그들은 에너지로 충만했다. 꽃들은 내게 안녕을 고
    하며 또 오라고 하는 듯했다. 이곳의 세상은 모든 것이 강렬한

황금빛 조이로 빛났다.) 안녕, 이곳을 산책할 수 있어서 감사합니다. (우리는 숲 반대편으로 나왔다.)

디 잘했어요. 나는 언제고 여기 있을 겁니다. 여기가 내가 사는 곳이에요.

나 아, 고마워요.

디 천만에요.

여기 무슨 일이 벌어졌던 걸까? 우선 여성은 신을 예의 바르게 대했고 신 또한 그렇게 응대했다. 그들은 첫인사를 나누면서 접점을 마련했다. 대화의 과정에서 여성은 자신의 에고 또한 존중해 주었다. 에고가 느끼는 두려움을 표현할 수 있게 해주고, 또 원하는 바를 알아주었으며, 적절한 경계선을 세웠다. 대화를 마치면서 여성은 디오니소스에게 감사를 표했고 다시 돌아올 기틀을 마련했다.

이 기록을 남긴 여성은 직관을 우월 기능으로 사용하는 사람이다. 전에도 적극적 상상을 경험한 바 있기 때문에 별 어려움 없이 경험에 이를 수 있었다. 그런데도 벌어진 일 상당 부분에서 여성은 놀라움을 경험한다. 이미지가 드러내는 감정 차원에 가장 놀랐고, 대화 과정 내내 에너지와 조이가 생동하며 지속되는 데 놀랐다. 그 생동감은 그날 내내 지속되었다고 한다. 또한 원숭이 상징에도 놀랐으며, 디오니소스가 그것을 두려움과 연결시켜 한 말에도 놀랐다.

이 여성의 적극적 상상에는 몇 가지 중요한 신화적 내지 영적 주제가 들어 있다. 사실 그녀의 경험은 샤먼의 영적 여정을 닮은 데가 있다(고대 문화의 일부라 할 샤머니즘은 실로 엑스타시의 종교다. 샤먼의 영적 여정은 인간 영혼을 치유하고 온전함을 되돌려주는 데 목적이 있다. 그 일을 하기 위해 샤먼은 두 세계를 오가며 사는 법을 배운다. 디오니소스처럼 두 세계의 가교가 되는 것이다). 여성은 디오니소스적 특성과 만나기 위해 의례를 거행했고, 마침내 디오니소스를 만나 그를 가이드 삼고 여행을 시작한다. 마지막으로 그녀에겐 원숭이라는 동물 "동맹자"가 나타난다. 원숭이의 특성, 즉 나무를 쏜살같이 오르내리는 능력, 나무 사이를 능란하게 옮겨 다니는 재주를 통해 두려움을 극복하고 새로운 자신감을 얻는다. 이 여성의 열등 기능은 감각인지라 신체 기능적인 면에서 두려움이 많았다. 흥미롭게도 이 적극적 상상에서 디오니소스는 그녀의 가장 취약한 부분을 골라 작업을 했던 것이다.

마지막으로 이 작업을 통해 디오니소스는 추상적 개념에서 구체적인 실재로 탈바꿈했다. 그래서 여성은 원할 때면 언제고 그를 만날 수 있게 되었다. 이런 식으로 그녀는 원형과 만나 관계를 형성하고, 엑스타시의 비이성적 특질을 경험하고 배울 수 있었다. 이제 그녀는 의식적으로 그 특질을 생활에 옮길 수 있게 된 것이다.

적극적 상상의 보다 엄격한 예를 살펴보자면 에스키모 샤먼의 입문 과정을 보면 된다. 영계의 선택을 받은 젊은이는 샤먼이 된다. 그는 영들에게 납치되어 지하 세계로 끌려간다. 그러자 그곳의 많은 악귀들이 달려들어 젊은이의 살을 발라먹는다. 마침내 그는 완전히 뼈만 남고 뼈들도 낱낱이 해체되고 만다. 얼마 후 영들이 돌아와 젊은이를 원상 복구시킨다. 그런데 이 과정은 무척 조심스럽다. 자칫 뼈 하나라도 빠지면 샤먼은 평생 그것이 없는 채로 살아야 하기 때문이다. 이렇게 입문 과정을 거친 샤먼은 새로운 몸을 부여받아 인간 세계로 돌아온다. 이제 그는 정식으로 샤먼이며, 악귀로 인한 병을 고칠 능력을 가졌다. 왜냐하면 그 자신이 악귀들에 의해 온통 먹혀졌기 때문이다. 이렇게 자신이 해체되는 경험을 거치지 않은 자는 병을 고칠 힘이 없는 것이다.

적극적 상상을 통해 디오니소스를 만나 대화하는 사람은 여러 이미지들을 보고 경험하게 된다. 그 이미지들은 자기 인격에 필요한 바를 상징하는 것들이다. 각각의 대화는 당사자에게 고유한 것이지만 그 안에 들어있는 교훈, 무의식에서 솟아나는 가르침은 놀라우리만치 비슷하다. 하지만 경험을 미리 예단해서는 안 된다. 그저 마음을 열고 떠오르는 대로 맞이하라. 놀라운 경험을 하게 될 것이다!

꿈작업
: 원형과 더불어 작업하기

아침에 깨서 "간밤에 멋진 꿈을 꾸었다"고 말하면서 머큐리 신이나 이런저런 철학자가 나타나 이것저것을 가르쳐주었노 라고 말하는 이가 얼마나 많은가? 하지만 꿈은 금방 흩어지 고 사람들은 이내 기억도 못한다. 그런 꿈을 꾸었을 때는 방 을 얼른 떠나지도 말고, 다른 사람들한테 말하지도 말고, 홀 로 있으면서 맑은 정신으로 모든 것을 조합해봐야 한다. 그 래서 마침내 꿈을 기억해내도록 해야 한다.

_ 파라켈수스

꿈을 꾸지 않는 사람은 없다. 기억하지 못할 수는 있지 만 꿈은 거절할 수도, 피할 수도 없다. 꿈은 그저 있는 그대 로를 반영한다. 디오니소스는 아주 자연스럽게 우리들 꿈에 나타날 수 있다. 그러므로 꿈을 통해서 디오니소스를 만나고, 그 만남을 근거로 의식적으로 행동하는 일은 탐색해 볼 만한 가치가 있다.

꿈과 더불어 작업하기

꿈 해석은 매우 복잡한 주제라 책도 많이 나오지만 그 해석에 동의하는 사람은 많지 않다. 결국 당신이 꾼 꿈은 당신 자신에게 의미가 있는 것이다. 자기 꿈이므로 자기 해석이 가장 중요하다. 짧은 한 장의 지면으로 꿈 해석과 꿈 작업의 모든 기술을 망라하기란 불가능하다. 그러므로 이 장을 읽었다고 꿈작업에 뛰어들 수 있으리라 기대해서는 안 된다. 하지만 꿈이라는 틀로 내면의 디오니소스적 특성과 어떻게 접할 수 있는지 몇 가지는 알 수 있을 것이다. 더 자세한 것을 알려면 『내면작업』(*Inner work*, 로버트 존슨, 2011, 동연)을 보라.

꿈을 통해 접하는 세계는 한편 친숙기도 하지만 낯설기로 하다. 그 이유는 꿈의 세계가 원형들이 사는 곳이라는 데 있다. 원형들이 벌이는 내면의 역동은 시공을 초월한다. 현실의 시간에서는 가능하지 않은 무수한 조합으로 원형들은 서로 작용하고 반응한다. 이 원형 이미지들은 아주 깊은 차원에서 상징의 언어를 사용하며 소통한다. 꿈을 이해하려면 이 내면의 차원에서 의미를 살펴야 하는 것이다.

자신이 꾼 꿈은 원칙적으로 자신이 연구하고, 이해해야할 진실을 담고 있다. 그러므로 꿈을 잘 살펴서 자기 내면에 벌어지고 있는 일이 무엇인지 정확히 파악해내야 한다. 그리고 그 일에 대해 무엇을 해야 하는지, 또 그렇게 행했을 때 무얼 기대할 수 있는지도 알 수 있다.

꿈작업을 할 때는 다음의 네 가지 기본단계를 밟도록 하라(자세한 내용은 『내면작업』에 소개되어 있다).

1. 연결을 짓는다. 꿈에 나타난 이미지들은 어떤 의미와 연결지을 수 있을까?
2. 꿈의 이미지들을 내면의 심리적 역동과 결부시킨다. 꿈 이미지들은 어떤 내면의 정서나 영적인 부분을 대표하는 걸까?
3. 해석한다. 1과 2의 단계를 통해 꿈이 자신에 대해 갖는 의미를 취합한다.
4. 꿈이 실제성을 갖도록 의례로 만든다. (이 단계에 대해서는 다음장 "의례와 의식 : 조이를 맞아들이기"에서 상술할 것이다.)

두 개의 꿈

내가 꾼 두 개의 꿈을 예시로 들도록 하겠다. 그 꿈들은 35년여에 걸쳐 디오니소스적 특성이 일으킨 변화를 말해준다.

첫 번째 꿈은 정말 원형적인 꿈이다. 그 꿈은 내가 아직 풋풋한 25세에 꾼 것이라 내가 제대로 다룰 능력이 미처 없었다. 그렇다고 꿈이 사람들 마음에 들게끔 시점을 정하고 찾아오는 것도 아니다! 꿈의 내용은 이렇다.

천년에 한번 붓다가 태어난단다. 그런데 내 꿈에서 붓다는 한밤중에 태어난다. 밤하늘에 빛나는 별 하나가 붓다의 탄생을 알렸다. 나도 그 자리에 있었고, 꿈 내내 나는 붓다와 같은 나이로 등장한다.

나는 붓다의 탄생을 목도했고, 성장과정도 지켜본다. 그도 나처럼 젊은이가 되었고, 우리는 늘 같이 어울려 다녔다. 서로를 기뻐했고, 그만큼 우정과 밝음이 깃든 관계였다.

하루는 같이 강에 갔는데 강물이 동시에 두 방향으로 흐르고 있었다. 강의 절반은 이쪽으로, 강의 절반은 저쪽으로 흐르는데 두 물줄기가 만나는 강 중앙에는 소용돌이가

치고 있었다. 나는 다행히 강을 헤엄쳐 건넜지만 붓다는 그만 물줄기에 가로막혀 익사하고 말았다.

나는 내 동반자가 사라졌기 때문에 헤아릴 수 없는 슬픔에 사로잡혔다. 그래서 천년을 다시 기다렸고, 밤하늘에 별이 빛나던 한밤중에 다시 붓다가 태어났다. 나는 다시 붓다의 친구가 되어 긴 시간을 함께 보낸다.

(세세한 부분은 기억나지 않지만) 어떤 이유로 나는 다시 천년을 기다려 세 번째 붓다의 탄생을 맞이한다. 다시 별이 빛나고 한밤중 붓다는 태어난다. 그리고 성장과정 내내 나는 그와 친구로 지낸다. 우린 서로 기뻐하는 친구사이다. 그러고 나서 나는 또 천년을 기다려 현대에 이르고 붓다의 네 번째 탄생이 임박한다.

그런데 이번에는 환경도 다르고, 정황도 훨씬 구체적이다. 이번에도 별이 하늘에서 나타나 붓다의 탄생을 알리고, 탄생 시점은 한밤중이 아니라 새벽이다. 그리고 떠오르는 태양의 첫 번째 햇살을 받은 나무옹이에서 태어날 참이다. 나는 기쁨과 설렘으로 가득해서 천 년 만에 재회할 내 친구의 탄생을 기다린다.

마침내 해가 떠오르고 햇살이 비쳐오기 시작했다. 빛은 처음에 나무꼭대기를 비추더니 점차 아래로 내려오기 시작했다(현실에서는 그럴 리 없지만). 햇살이 나무옹이에 다다

르자 큰 뱀이 구멍에서 튀어나왔다. 뱀은 정말 커서 대략 삼십 미터쯤 되었는데 곧장 나를 향해 다가왔다!

나는 너무 놀란 나머지 벌떡 일어나 있는 힘을 다해 달아나기 시작했다. 어느 정도 멀어졌으리라 생각하고 돌아보면 뱀은 바로 뒤에서 그 납작한 머리를 바로 내 머리 위에 들이대고 있다!

나는 겁에 질려 곱절은 빠르게 달렸다. 그래도 돌아보면 여전히 뱀의 머리가 내 머리 위에 있었다. 더 빨리 달리다 돌아봐도 여전히 그랬고 마침내 나는 희망이 없음을 알았다. 그런데 문득 어떤 직감이 들어 오른손을 오른쪽 엉덩이에 대고 원을 그리며 돌았다. 그러자 나는 앞으로 달리는데 뱀은 그 원을 따라 머리로 찌르며 도는 것이었다. 그때야 비로소 나는 위험에서 벗어났음을 알게 된다.

꿈의 말미에 이르면 여전히 뱀과 나는 숲을 가로질러 뛰고 있지만 서로 말도 하고 긴장은 많이 줄어든 상태였다.

당시 스물다섯 살짜리가 소화하기엔 너무 어려운 꿈이었다. 그런 꿈은 인생의 후반부에나 어울릴 것이어서 너무 일찍 찾아오면 이해하기 힘들다.

대체 뱀은 무얼까? 바로 나의 네 번째 열등 기능인 원시적 디오니소스 특성을 말하는 것이다. 나도 그랬지만 서양인이라면 누구에게나 그의 등장은 준비되지 않은 예기치 못한 것일 수밖에 없다. 내가 그 영향을 직면하고 성찰하기엔 아직 상당한 세월이 필요했다.

나는 당시 내 분석가와 논쟁을 벌였다. 왜냐하면 그 여성 분석가는 "당신이 그런 꿈을 꾸면 안 되는 건데"라고 했기 때문이다. 그녀가 보기엔 35세 이전의 젊은이에게 열등 기능이 등장하는 건 말이 안 되었을 것이다. 나는 화가 나서 이렇게 말했다.

"임신한 열여섯 살짜리한테 임신하면 안 된다고 말하는 거하고 뭐가 달라요. 그런 말은 도움이 안 됩니다. 일어난 건 일어난 겁니다. 일어난 일에 맞서라고 해야지요."

당시의 나로선 디오니소스적 특성이란 그저 고집 세고 벅찬 요구를 하는, 도무지 함께할 수 없는 무엇으로만 여겨졌다. 고작 180센티미터에 불과한 사람과 삼십 미터가 넘는 뱀이 어떻게 짝을 이루겠는가? 꿈의 끝부분이 말해주듯 나는 몹시 애쓰고 노력하는 삶을 살았다. 그러면서 긴 세월 두려움을 피해 열심히 달아났다. 융 박사는 이렇게 말했다. "호랑이와 길들이기 시합을 벌인다면 누가 누구를 길들여야 하는지 분명하다." 하지만 제일 좋은 방법은 타협하는 것이다. 꿈에서 나는 타협을 하기 위한 전략으로 원을 그리며 돌았다. 나는 손으로 원을 그렸는데 그것이 뱀을 담는 만다라가 된 것이다. 그걸로 충분했다. 내가 뱀을 길들일 필요도, 뱀이 나를 길들일 필요도 없었다. 우린 그저 각자로 있으면서 숲을 함께 누비고 다닐 수 있었던 것이다.

융 박사는 내 꿈 얘기를 듣더니 해석해 주었는데 그 내용이 얼마나 많은지 죽을 지경이었다. 내가 이러저러한 방식으로 살아야 하고, 어떤 것은 신뢰하되 어떤 것은 멀리해야 한다고 한참을 얘기해주는 것이었다. 그런데 그 많은 내용이 그 꿈 하나에 들어있다는 것이다. 나는 그 꿈이 날더러 원을 그리며 살라는 의미로 받아들였다. 원처럼 모양을 갖추고, 절제하며, 체계적으로 살라는 의미로 말이다. 실제로 나는 그렇게 살았다.

그때로부터 35년이 흘러 내가 훨씬 성숙해졌을 무렵 같은 주제의 꿈을 다시 꾸었다. 35년은 인내하며 기다리기엔 참 긴 세월이다. 그 기간 동안 나는 첫 번째 꿈을 놓고 정말 열심히 살았다. 꿈의 세부사항 하나하나를 숙고하면서 본 장에 소개한 네 단계를 밟았다. 그런데도 내 나이 55세가 되어서야 붓다의 생애에 관한 책을 읽고 내가 늘 혼동하던 꿈의 한 단면을 이해할 수 있었던 것이다.

붓다가 깨달음을 얻은 것은 밤이었고, 마침 태풍이 심하게 몰아치고 있었다고 한다. 마치 붓다 내면에서 환해지기 시작한 빛을 전부 꺼버리려는 듯 모든 어둠의 세력이 들이닥쳤다. 그들은 폭풍우처럼 들이닥치고 또 들이닥쳤다. 마침내 세계적인 위대한 뱀 '나가Naga'*가 나타나 붓다의 머리에 자기 머리두건을 씌워 보호해준다. 이 내용을 접하면서 내 마음이 환해졌다. 꿈속의 뱀은 나를 해치려던 것이 아니라 오히려 보호해주려 한 것이다. 그러니 실제로 나는 위험했던 게 아니었다. 다만 뱀에 대한 나의 적의敵意, 그로부터 멀리 달아나려는 내 노력이 도리어 두건을 씌워 나를 보호해주려는 뱀의 노력을 어렵게 만들었던 것이다. 나는 내가 정말 어리석게 느껴졌다.

두 번째 꿈은 이렇다

나는 친구 가족과 함께 캘리포니아 해변에 있다. 내 친구
는 여성이고 정말 현명하다. 그 가족여행에서 그녀와 나

---

* 반은 사람이고, 반은 뱀인 모습(반인반수)을 하고 있다. 건장하고 수려하며, 완전한 사람이나 뱀의 형태를 취할 수 있다. 잠재적으로는 위험하지만 어떤 면에서는 사람보다 더 뛰어난 면도 있다.

는 거리를 두고 좀 떨어져 있었다. 우리는 휴가철 바닷가에 몰린 군중에 대해 이야기를 나누고 있었다. 세상 사람들이 모두 거기 모여든 것 같았다. 최소한 백만 명은 되어 보였다. 나는 그 분위기가 좋았다. 바다도 좋고 주변의 분위기도 재미있었다. 그 행복감, 태양, 아이들, 피크닉과 운동이 다 좋았다.

그런데 딱 하나 불만스런 것이 있었다. 도시 아버지들이 온갖 레인지Range를 가지고 왔는데 거기엔 나무를 때는 것도 있었고, 가스나 전기로 하는 것도 있었다. 그걸 사람들에게 나눠주긴 했지만 선도 연결되어 있지 않고, 당연히 작동도 되지 않는 것들이었다. 그저 기괴한 예술품들만 같아 보였다. 우리 그룹도 난로 하나를 받았지만 전혀 열이 없었다. 그저 장식품처럼 덩그마니 거기 있을 뿐이다. 친구와 나는 미국인들이 별 희한한 걸 장식품으로 삼길 좋아한다는 얘기를 했다. 그리고 우리 둘 다 그런 걸 별로 좋아하지 않는다는 점도 확인했다. 그러면서 정작 우리는 그 난로를 중심으로 자리하고 파티를 벌이고 있었다.

갑자기 내가 위를 올려다보니 그 뱀이 거기 있었다. 뱀이 군중들 사이를 꿈틀거리며 다니는데도 사람들은 그 뱀을 보지 못한다. 다만 내 친구와 나만 그 뱀을 보고 있다. 뱀은 미끄러지듯 움직이면서 아무 문제도 일으키지 않는다. 뱀은 기둥 둘이 나란히 서 있고 꼭대기는 십자 모양으로 교차한 곳으로 가 오르내리면서 제멋대로 놀고 있다. 몸을 꼬아 겹쳤다가 풀고 하면서 말이다. 나는 계속 뱀을 주시했다. 그 뱀에게 들키고 싶지 않았기 때문이다.

뱀이 기둥에서 내려와 꿈틀거리며 어디론가 멀어지기 시작했다. 멀어져가는 뱀을 보며 나는 친구에게 속삭였다. "다행이다. 저기로 사라지네." 그런데 뱀이 그 속삭이는 말을 들었는지 가던 길을 멈추고 돌아서서 곧장 내게로 오는 것이었다. 나는 말했다. "이런 바보, 사람이 이렇게 많은데 또 나에게 오잖아!"

나는 뱀이 오지 않길 바랐다. 어딘가로 가버렸으면 했다. 그런데 희한하게 무섭지는 않았고, 전처럼 달아나지도 않았다. 뱀은 똑바로 내게 다가왔다.

이 지점부터 꿈이 기억나지 않는다. 뭔가 언쟁이 있었던 것도 같은데 마치 필름의 이 대목을 잘라내고 다시 이어붙인 것처럼 기억이 나질 않는다.

꿈이 다시 기억나는 대목은 내 친구 여성도 사라지고 뱀도 사라졌는데, 하늘에서 내려온 빛나는 사람, 환한 빛을 발하는 젊은이가 나와 함께 있는 장면이다. 우린 친구고, 함께 최고의 시간을 갖고 있다. 다시금, 그리고 최종적으로 나는 나의 동반자와 함께 있다.

우리는 함께 걷고 있는데 내가 이렇게 말한다. "우리가 인도에 있는 줄 몰랐네." 그런데 다시 보니 우리는 인도에 있는 게 아니었다. 하도 빛나는 존재와 함께 있다 보니 주위의 미국인들을 전부 피부색 어두운 인도 사람들로 착각을 한 것이다. 하지만 그건 대조효과일 뿐이고 우린 캘리포니아 남부 해변에 있다. 나는 정말 기분이 좋았다. 나는 그에게 "이건 정말 대단한 일이야 나는 이보다 더 행복할 수 없을 정도로 행복해" 하고 말했다.

우리는 이런저런 것을 구경하며 계속 걸었다. 그가 나를 데리고 한참 가는데 댐이 나타났다. 그 댐이 있는 강은 넓기는 했지만 수심은 깊지 않았다. 하늘에서 온 남자는 나를 향해서 이렇게 말했다. "좋아, 이제 댐도 있고, 물도 돌아왔네. 자넨 여기다 수력발전소를 세워서 전 세계에 부족한 전력을 공급하게."

그것은 내 인생 전체를 사로잡았고 결코 완성된 적이 없던 디오니소스 특성이 진화했음을 말해주는 것이었다. 나의 두 꿈을 통해서 디오니소스 특성이 어떻게 진화했는지 한번 살펴보자.

꿈 속의 기괴한 난로들, 그 장소에 맞지도 않고 부적절해 보이는 물건들은 내게는 큰 영향을 주는 것이다. 나는 많은 시간 혼자 지내는 경향이 있다. 꿈은 캘리포니아 남부 해변, 그 사람으로 득실대는 외향적인 공간을 보여주고, 거기서 뱀은 곧장 나를 찾아낸다고 알려준다. 내가 경멸해마지 않는 캘리포니아 남부의 펑키 분위기 한복판에서 깨달음이 나를 찾아온다는 것이다. 나로선 쓴 약이 아닐 수 없다. 나는 늘 내면작업을 마무리 지으려면 사막의 수도원으로 가야한다고 생각하고 있었다. 그러나 꿈은 사람들이 들끓는 해변이라는 어려운 환경에서 그 일을 하라고 일러준 것이다. 말이 안 되는 것처럼 보였지만 사실 다른 길도 없었다.

꿈속의 친구 여성은 나의 여성성, 나의 아니마를 대표하는 인물로 원형의 세계, 열등 기능과 깊이 만나려면 필수불가결한 면을 의미한다. 융은 아니마나 아니무스를 한 사람의 사이키 안에서 의식적 인격과 집단무의식을 중재하는 기관으로 정의한다. 꿈에서 여성은 그저 내 옆에 있음으로 해서 내가 뱀을 만나는 데 힘이 되어주었다.

꿈의 뱀은 나를 놀라게 하는 원시적 디오니소스 특성으로 끔찍한 모습으로 나타난 신이다. 그래서 나는 오랜 세월 그를 피해 달아났던 것인데, 알고 보니 그 뱀은 나를 보호하려던 것이었다. 그 진실 앞에 설 때가 되어 사람이 많은 해변에서 그와 타협하는 꿈을 통해 비로소 깨닫게 된 사실이다(이론적으로 에고는 결코 원형을 길들일 수 없다. 서로 호혜적 관계를 맺는 게 최선이고 사실 그게 전부다. 원형을 섣불리 길들이려 했다간 오히려 원형에 길들여질 것이다).

꿈에서 나는 여전히 뱀의 접근에 저항했지만 전처럼 두려워하지는 않아서 뱀은 내게 가까이 올 수 있었다. 비로소 나의 열등 기능을 받아들였고, 네 번째 붓다(뱀으로, 또 하늘에서 내려온 존재의 모습으로 등장한)를 만나 동행할 수 있었다. 그리고 뱀을 동반자로 받아들이면서 새로운 관점을 얻는다. 댐으로 상징되는 디오니소스 에너지, 적절한 형태에 담아져 모두에게 유익하게 쓰일 수 있길 기다려온 그 에너지를 통해 내 개인의 삶을 훨씬 풍성히 할 수 있다는 것을 안 것이다.

의례와 의식

: 조이Joy를 맞아들이기

나는 소란스런 부엌에서 하느님을 고요함으로 소유합니다. 복되신 성체 앞에 무릎 꿇고 있을 때처럼 말입니다. 꼭 큰일을 행해야만 하는 게 아닙니다. 나는 하느님을 향한 사랑으로 팬의 오믈렛Omelet을 뒤집습니다. 내가 별다른 일을 할 수 없을 때에는 하느님 사랑으로 땅에서 지푸라기 하나 줍는 걸로 족하답니다.

_ 로렌스 수사

적극적 상상을 통해서 엑스타시 원형과 만나는 경험을 했다면 이제 의식적으로 자신이 찾은 조이를 일상생활에 결합하여 경험의 깊이를 더할 수 있다. 의례Ritual와 의식Ceremony이 그 탁월한 방법이다. 마치 빈 잔에 조이로 물든 의례를 담아 마시는 것이라 할 수 있겠다.

먼저 의례의 성격을 살피고 어떻게 그것을 일상생활과 결합할 수 있는지 보기로 하자.

의례의 성격

내가 보기에 우리는 살면서 두 가지 의무를 갖는다. 우리가 태어나 자란 문화에 책임이 있다는 것과 심층에 이르기까지 자신의 모든 것을 이룰 책임이 있다는 것이다. 사회의 기대치와 자신의 영적 욕구 사이에서 자신만의 길을 찾게 하는 것이 의례다. 불가능을 가능케 하는 것이 의례인 것이다.

의식ceremony의 라틴어 어원은 "성스러움sacredness"이다. 적극적 상상과 꿈작업을 통해 깨닫게 된 것을 힘 있게 구체화시키는 고대의 방법이 의식이었던 것이다. 시인 윌리엄 버틀러 예이츠는 이런 말을 했다. "관습과 의식이 아니고서 어찌 순진함과 아름다움이 탄생할 수 있을까?" 내게 덧붙이라면, 의례와 의식이 아니고서 어찌 십만 볼트의 신적 에너지를 담아낼 수 있을까?

의미 있는 의례와 의식은 성스러움과 맺는 우리의 관계를 확인하고 지지해줌으로써 성속聖俗 양편 세계를 모두 풍요롭게 해준다. 우리 내면의 본성은 자아의 의식을 통해 인정받을 필요가 있다. 역으로 에고는 집단무의식이라는 자신의 근원을 잊지 말아야 한다.

의미 있는 의례가 결핍된 서구 사회

우리는 양질의 의례가 사라진 시대를 살고 있다. 위대한 전통의 의례와 의식을 통해 길러질 수 있었던 행운아라면 그 문화유산의 풍요로움 속에서 안전하게 살아갈 것이다. 그러나 이 예스런 방식을 상실해서 심리적 빈곤 속에 살아가는 사람들의 수가 점점 늘고 있다. 집단의 전통과 의식을 통해 길러지는 것이 전반적으로 부정당하는 현상도 어쩌면 진화의 고통스럽지만 필요한 과정으로 볼 수 있다. 여하튼 내면생활을 순전히 개인적인 걸로 치부해버리는 것은 대단히 현대적 특징이라는 점은 언급해두기로 하자. 내면작업을 잘 수행하려면 반대면, 즉 공동체를 하늘의 예루살렘처럼 여기고, 거기 속해 있다는 감각이 필요하다. 하지만 풍성한 옛 방식과 새로운 시대의 약속 사이에는 메마르고 건조한 불모의 시간이 놓여 있다. 그리고 그 불모의 시간이야말로 현대를 살아가는 사람들의 고민거리다. 바가바드기타도 이런 딜레마를 말한다.

"세상은 활동에 포박당해 있다. 활동을 신에 대한 경배로서 행하지 않는 한 말이다."

의례의 핵심은 마술이 아니다. 남이나 사물을 자기 뜻대로 휘고, 구부리며, 지배하는 일이 아니라, 신성과 이어지고, 잠시나마 두 세계가 하나 됨을 경험하는 일이다. 그리스 예술가들은 디오니소스와 추종자 무리를 황홀경에 빠져 머리를 뒤로 젖히고 자신이 좋아하는 놀이를 하며 즐겁게 흔드는 모습으로 그리곤 했다. 흔들림이란 두 세계 사이의 균형을 잡는 몸짓이다. 그러한 초월성이야말로 디오니소스의 특성이고, 디오니소스 의례가 지향하는 것이다. 니코스 카잔차키스는 그 점을 『영혼의 자서전』에서 이렇게 아름답게 말하고 있다.

그리스인의 고요함은 난해하고 비극적이다. 서로 날카롭게 맞서는 반대의 힘이 고되고, 오랜 갈등 끝에 서로 화해하고, 어느 비잔틴 사람이 말했듯 신비로운 애쓰지 않음effortlessness에 이름으로써 균형을 잡게 되는 것이다. 달리 말하면 노력의 정점에 달했다고나 할까.

고대의 디오니소스 술잔치에서 만취함은 허용되지 않았

다. 왜냐하면 술 향기로 다가오는 악신을 피하려면 깨어있는 의식이 필요했기 때문이다. 디오니소스 숭배자들은 깨어있는 의식으로 술을 맛보며, 그 술이 신임을 알아보았다. 그리고 술이 몸에 들어갈 때 신적인 엑스타시가 자기네 영혼에 스며드는 것을 의식했다.

오늘날 우리는 무슨 이유인지 이 모든 것을 망각했다. 이제 우리는 신이 아니라 기술을 모델로 삼는다. 우리는 "기계인 인간"을 말하고 "사고에 관한 사이버네틱스 모델"을 말한다. 심지어 "인공지능"도 논한다. 이 모든 이미지들은 우리로 하여금 비합리적인 영역에서 발을 빼고, 오직 합리성과 동행하게 한다. 우리 실재의 잠재성 절반을 살지 않은 채 남겨두는 것이다.

옛 디오니소스 의례 일부가 미국에 남아있긴 하지만 기괴한 형태로 남은 유골이요, 고작 파티를 위한 명목으로 남아있다. 예를 들어 할로윈은 옛 디오니소스적 의례의 잔재이다. 교회는 이날을 악이 마지막으로 날뛰는 날이라는 식으로 합리화했다. 그 다음날인 모든 성인들의 축일은 그야말로 모든 신실한 신자들을 기리고, 공경하고, 존중을 표하는 날이기 때문이다. 하지만 원래 할로윈의 의미는 모든 성인들hallow의 밤으로서, 모든 성인들의 축일과 나란히 생명의 디오니소스적 측면, 그 엑스타시와 심지어 그 악마적 요소까지 모두에 존중을 표하는 날이다. "악"의 이름이 붙은 것도 존중해줌으로써 도리어 "선"을 가능케 하는 균형 잡기의 시간인 것이다.

마르디 그라스Mardi Gras 축제의 경우도 마찬가지다. 불어로 마르디 그라스란 "살찌는 화요일"이란 뜻으로 사순절이 시작되는 재의 수요일 전 화요일을 말한다. 인생의 유쾌한 엑스타시와 디오니소스적 측면을 존중해줌으로써 참회와 금욕, 금식의 날인 재의 수요일 또한 의미를 갖게 되는 것이다. 12세기경까지는 수도사들조차도 마르디 그라스에는 수도원 밖으로 외출이 허용되었다. 그래서 재의 수요일 첫 미사 시간에 돌아오기만 하면 어디서 뭘 했는지 묻지 않았다.

오늘날에도 종교에서 디오니소스적 요소가 완전히 사라진 것은 아니다. 지난 몇 십 년간 어느 교파든 성령운동 집단을 보면 가히 디오니소스의 귀환이라 할 만하다. 우리는 퀘이커를 굉장히 근엄한 집단으로 생각하지만 사실 현대 사회에 살아남은 디오니소스적 종파라 할 수 있다. 초창기 퀘이커를 퀘이커라 부르게 된 계기는 이들이 종교적 황홀경 속에서 몸을 흔드는 집단이었기 때문이다. 몸이 떨리면서 영으로 가득해지는 경험을 했던 것이다.

1930년대만 해도 뉴잉글랜드 지방에는 쉐이커, 즉 몸을 흔드는 자들이라 부르는 집단이 존재하고 있었다. 초창기 퀘이커들을 연상시키는 산 증인들이라 하겠다. 사실 1987년까지만 해도 이 집단의 두 사람이 아직 생존해 있었다. 이 사람들을 떠올리면 그들이 사는 집의 가구가 함께 연상된다. 손으로 만든 단순하면서도 견고한 가구는 이들의 단순하면서도 견고한 신에 대한 믿음을 빼닮은 듯하다. 사실 쉐이커들은 디오니소스의 또 다른 표현이다. 남녀로 이루어진 수도원 같은 공동체였는데 이들은 따로 살며, 결혼하지 않고, 평생 독신으로 살았다. 이들의 종교의식을 보면 밤에 라운드댄스라 부르는 춤을 추었다. 남자들은 시계방향으로, 여자들은 시계 반대 방향으로 원을 그리고 돌면서 종교적 황홀경에 들어가 몸을 흔들고 떨었기 때문에 그들을 쉐이커라고 불렀던 것이다.

이렇게 현대의 의례를 통해서도 디오니소스는 생존하고 있다. 엑스타시를 존중한다고 꼭 염소를 갈기갈기 찢어야만 "디오니소스 종교"가 되는 것은 아니다. 전통은 당대에 맞고, 의미가 있는 것이었다. 아무 제약 없이 말 그대로 천사의 존재를 믿고, 왕들은 신에게 권리를 부여받았다고 믿었던 시대의 사람들에게 말이다. 그러나 현대인은 그러한 이미지나 신념을 불편하게 여긴다. 그 말은 옛 전통이 옛 사람들에게는 맞는 틀이었듯 우리는 우리에게 맞는 틀을 찾아야 한다는 의미다. 중세 교회의 격언 중에는 교회는 계속 바뀌어야 계속해서 같은 교회일 수 있다는 말이 있다. 우리도 옛것에 충실하려면 새로운 방식을 찾아내야 한다.

우리들만의 의례 만들기

유대교의 옛날이야기 가운데 내게 깊은 감명을 준 것이 있는데, 새롭고 힘 있는 의례를 창안해내기 위해서 굳이 기존의 것에 기댈 필요가 없음을 말해주는 이야기이다.

옛날에 사람들을 보호하고 길러주는 위대한 전통 의례가 있었다. 랍비와 마을주민 모두 특정한 날에 특정한 나무나 숲, 장소를 찾아가 정해진 대로 예식을 치르곤 했다. 그런데 시련의 시기가 닥쳐왔다. 그러자 사람들은 뿔뿔이 흩어지고 의례는 잊혀졌다.

좀 살만해지자 어떤 사람이 과거에 보호와 양육의 의례가 있었음을 기억했다. 하지만 그도 대충만 생각났지 자세한 건 기억할 수가 없었다. 랍비와 사람들은 숲으로 갔다. 하지만 도대체 어떤 나무가 그 나무였는지 알 수가 없었다. 그래서 그냥 아무 나무나 골라 자신들이 할 수 있는 한껏 의례를 치렀다. 그리고 그걸로 충분했다.

더 어려운 시기가 닥쳐왔고, 아예 한 세대 전체가 그 의례를 경험하지 못했다. 그런데 누군가가 과거 자기네 조상들은 숲에 가서 뭔가를 했다는 말을 떠올렸다. 그래서 랍비를 모시고 숲으로 가서 의례를 행했다. 그리고 그걸로 충분했다.

이후에도 힘들고 어려운 시기가 닥쳤고, 더 많은 것을 잃었다. 사람들은 과거 좋았던 시절에 조상들이 뭔가 이런저런 걸 했다는 건 생각했지만 도무지 뭘 어떻게 했다는 건지는 알 수가 없었다. 그래도 그들은 그저 뭔가를 했다. 그리고 그걸로 충분했다.

더 힘든 시기가 왔고, 이제 남은 것은 과거에 뭔가 했다더라 하는 막연한 기억밖에 없었다. 그래서 이 새로운 세대는 무턱대고 모여 즉흥적으로 사람들을 보호하고 잘 길러달라는 새 예식을 만들어 행했다. 그리고 그걸로 충분했다.

이 이야기의 교훈은 분명하다. 뭘 하든, "맞게" 하든 "틀리게" 하든, 의도를 갖고 아는 대로 한껏 행하면 그만이라는 것이다. 의례란 그런 것이다.

의례로서의 예술

우리는 앞서 감각을 "영의 생명이 감각을 통해 볼 수 있도록 나타나는 것"으로 정의한 바 있다. 시인과 예술가의 세계가 바로 그런 것이다. 뮤즈를 통해 배웠던 디오니소스의 세계이기도 하다. 예술품을 통해 우리는 영을 파악하는 것이다.

의례와 의식이 그렇듯 예술을 통해서 우리는 달리 표현할 길이 없는 우리 내면의 일부를 드러내고 살아갈 수 있는 것이다. 그런 점에서 의례나 예술은 둘 다 하지 않으면서 하는 역설의 방식이다. 외적으로 아무것도 상하지 않게 하면서 내적인 충동을 만족시킬 수 있는 방식이기도 하다.

오늘날의 문화와 가치는 우리로 하여금 외적인 면에서 거친 디오니소스적 요소를 표현할 수 없게 만든다. 그래서 현대인은 예술이나 의례, 의식과 같은 보다 은근한 방식의 디오니소스적 요소를 추구한다. 그렇게 해서라도 디오니소스를 담아낼 수 없다면 우리의 길들여진 서양의 정신 기능은 무색무취無色無臭로 말라버리고 말 것이다. 그림을 보고 음악을 듣고 영화를 보는 등 오늘날의 "관전 스포츠"는 결국 그 안에 든 정제된 디오니소스 요소를 현대인이 접할 수 있는 유일한 수단이다. 그나마 감사한 일이 아닐 수 없다!

예술은 늘 인간에게 의례의 자원 역할을 했다. 표현할 수 없는 걸 표현하는 수단으로서 말이다. 사실 예술을 인간의 다른 표현 양식과 분리시킨 것은 상대적으로 최근의 현상이다. 고대 문화는 유사 영적 일체감을 갖고 있었다. 그 시대의 예술품들을 생각해보라. 도자기, 조각, 봉헌물, 그림, 거주지, 심지어 무기들까지도 고대인들에게는 영적 차원을 표현하는 도구였다. 그들에게 영적 차원은 의심할 나위 없이 삶의 일부였다.

극장과 종교적 표현 양식 또한 밀접한 관계가 있다. 앞에서도 디오니소스 숭배가 어떻게 그리스 고전극 극장의 탄생과 상관이 있는지 말한 바 있다. 이와 같이 예수의 신비를 극으로 공연하다가 서양의 극장이 탄생한다. "불경하다profane"는 말을 우리는 신성모독의 뜻으로 생각하지만 어원은 "교회 현관porch of the church"이라는 뜻이다. 드라마가 고도로 심리 내향적이던 시절 극은 보통 교회 내부 제대祭臺 근처에서 상연했다. 극은 곧 신에게 드리는 예배였던 것이다. 하지만 하층민을 위한 연극이나 드라마, 의식을 행할 때는 교회 현관에서 했다. 그래서 대중이 볼 수 있도록 한 것이다. 폴란드의 연출가 예지 그로토프스키는 이렇게 말한다.

"극장이 종교의 일부였을 때도 극장은 극장이었다. 신화

를 통해 모인 사람들이나 부족의 영적 에너지를 해방시
켜 비속하게 만들거나 초월하게끔 했다. 관람객들은 신
화의 진실로 자기 진실을 비추어 새롭게 자각했고, 공포
와 성스러움을 느끼면서 일종의 카타르시스를 경험했던
것이다."

조지 버나드 쇼는 "좋은 예술이란 고문torture을 빼고는 가
장 좋은 선생"이라는 말을 했다. 나 같으면 우리네 삶에서
증상으로 나타나는 것들이 확실히 고문과 같지만 그림이나
조각, 시와 소설, 연극, 영화 같은 예술을 통해 의례로 표현
할 수 있는 것이라 말하겠다.

우리 시대에도 잔류하는 디오니소스적 흐름 중 하나가
남태평양 군도다. 이 현대의 기술 문화를 사는 대다수 사람
들이 남태평양에 대해 환상을 갖고 있다. 그 환상은 그야말
로 디오니소스적이다. 지난 세기 프랑스 화가 폴 고갱은 예
술가들이 사로잡혀 있는 디오니소스 차원을 잘 구현하고
표현한 인물이다.

상당기간 고갱은 증권거래인으로 일하면서 여가시간에
그림을 그리는 신통찮은 화가였다. 그러던 어느 날 그는 직
장과 가족을 버리고 무작정 남태평양으로 향했다. 거기서
그는 섬의 육감적인 여성들을 감각적인 색채로 그려내기

시작했다. 그 작품들은 현대 예술의 걸작으로 꼽힌다.

고갱이 남태평양으로 간 것은 지상낙원을 찾아서였다. 하지만 그가 거기서 발견한 것은 자신의 지옥이었다. 그의 인생은 비참하리만치 엉망진창이었고, 그는 결국 타히티에서 매독으로 죽는다. 하지만 —이게 중요한데— 그가 그린 것은 낙원이다. 고갱의 예술은 곧 의례였고, 그 의례를 통해 그는 자신이 찾던 낙원을 찾았다. 그래서 그의 그림을 보는 사람은 무언가 디오니소스적 특성을 맛보면서 심신이 상쾌해지는 것이다.

자신만의 디오니소스 의례 만들기

의례가 사람을 변화시키는 힘이 있음을 알았다면 생활과 의례, 특히 디오니소스적 의례를 어떻게 결합하여 인생을 풍요롭고 깊게 살아낼 수 있는지 알아보자.

기본 규칙

어떤 의례 활동을 벌이기 전에 다음의 기본 규칙을 먼저 숙지하도록 하자(경험과 만나고 의례로 만드는 일을 보다 자세히 알기 원하거든 『내면작업』을 보라).

1. 남에게 해가 되는 일은 하지 않는다. 말 그대로 또 무의식적으로 그래서는 안 된다. 의례를 행한다는 것은 강력한 심리적 힘을 풀어놓는 일이다. 그러므로 이 힘을 선하고 건설적인 목적에 기여하도록 하는 것이 좋다.

2. 자신과 타인을 모두 존중하고 예의 있게 대하라.

3. 갈등을 일으키거나 과장되게 행동해서는 안 된다. 그런 방식은 의례를 잘 사용하는 것도 아니고, 그저 열정이 아니라 자아 팽창이 될 따름이다. 그래서는 어떤 생산적인 결과도 얻을 수 없다.

4. 디오니소스적 특성에 대한 자신의 책임성을 인정하라. 당신은 디오니소스적 힘을 전하는 통로이자 그것을 인간답게 표현할 책임이 있다. 그러므로 건설적으로 생기를 주는 에너지가 되게끔 사용해야 한다.

시작하기

대다수 사람들은 의례 같은 것을 시작하기가 어렵다. 우리 일상에서 의례는 희귀한 것이 되었다. 그래서 의례, 하다 못해 결혼식에라도 참석하면 상당히 어색해 한다. 더구나 자신이 만든 의례를 행한다는 것은 더욱 낯설다. 의례가 어떠니 하는 생각 자체가 어리석어 보이고 거기서 뭘 얻겠나 생각하기 쉽다. 그러나 어떤 의식을 행하고, 그 결과가 나타난다는 것은 절대 비현실이 아니다. 돈키호테는 "밀보다 나은" 빵을 찾는다는 말을 하는데, 그 말은 성체를 의미한다. 성체가 밀보다 나은 것이듯 의식은 "실제보다 더욱 실제적"이다.

의례를 행하는 것은 의식적 사건이다. 사소한 행위조차도 의식을 기울여 행할 때 힘 있는 의례 행위가 된다. 상징적인 의도를 갖고 행하는 행동은 의식과 무의식 사이의 교류가 일어나고 둘의 일치로 나아가게 한다. 이 교류는 두 방향으로 일어난다. 의식적으로 수행한 의례 행위는 심오한 심리적 변화를 일으킨다. 한편 무의식의 태도에 일어난 변화를 반영하며 행하는 의례 행위는 의식의 태도를 달라지게 만든다.

심리적으로 의례란 고도의 상징 행위다. 그러므로 밤새 퍼마시는 술잔치를 디오니소스 의례인 양 생각해서는 안 된다. 융도 이렇게 경고했다.

이방 종교는 자기네 예배에 맞춰 상태의 엑스타시를 허용함으로써 위험천만하게 되었다. 그 이면에서 벌어지는 일을 정확히 목도한 헤라클리투스는 이런 말을 했다. "디오니소스는 곧 하데스다. 저들이 디오니소스를 경배한다며 술통에 빠져 광기에 빠질 때 하데스가 나타나니 말이다." 광란의 파티가 종교적으로 허용된 이유는 바로 지옥의 신

하데스의 위협을 몰아내기 위해서다. 하지만 그 해결책이 도리어 지옥문을 활짝 열어놓는 셈이 된 것이다.

내가 겪는 딜레마는 내가 한편으로는 공식 의례를 굳건히 옹호하고 대변하는 입장이지만, 다른 한편으로는 그것들을 상당히 지겨워한다는 점이다. 모르긴 해도 나 같은 사람이 상당히 많을 것이다. 이제 자기 경험을 표현할 자신만의 의례를 만들 수 있음을 배웠다. 물론 당신이 옛 전통의 의례뿐만 아니라 새롭고 현대적인 표현양식, 집단의 경험을 표현하는 방식에 상당히 경험이 있고 익숙하다면 자신만의 의례를 만들어 행하는 일도 그리 불편하지는 않을 것이다.

개인화된 의례 : 의식의 의도를 기울여 심층의 변화를 일으키기

우리 현대인들은 자신이 놓인 상황에 맞춰 재단한 의례가 필요하다. 예컨대 직접적으로 표현하기 곤란한 무언가를 표현해야 한다 치자. 가장 친한 친구의 아내를 깊이 사랑하는 것을 예로 들어보자. 이걸 곧장 외부로 드러내 표현하는 건 여러 면에서 파괴적인 일이 될 것이다. 하지만 그 상대에게 어떤 선물을 주는 것으로 자기 사랑의 표현을 의례로 만들 수 있다. 그것도 직접 하기가 어렵다면 상대방을 상징적으로 대신할 어떤 사람에게 선물을 주는 행위로 바

꿀 수 있다. 이처럼 그 선물에 사랑을 불어넣는다면 그 사랑의 상징을 주는 행위는 사랑의 의례가 되는 것이다. 그런 작은 의식만 치러도 마음이 얼마나 가벼워지는지 모른다.

의례는 이렇듯 자칫하면 집착이 되고, 누구한테도 유익이 되지 않을 일을 풀어낼 수 있게 한다. 내가 아는 어떤 사람은 1마일을 4분에 주파하길 원했지만 영 되질 않았다. 노력하면 할수록 오히려 기록은 더 떨어졌고 오히려 그걸 의식하는 게 도움이 되지 않는다는 사실을 발견했다. 그 달성할 수 없는 목표는 그의 적이 되었고, 달리면 달릴수록 기록은 점점 더 멀어지는 기분이었다. 이제 달리기는 즐거움이 아니라 혹독한 벌이 되고 말았다.

나는 그에게 화를 내지 말고 그 구간을 존중감을 갖고 천천히 걸어보라 제안했다. 마음으로 1마일을 4분에 달리는 이미지를 품고 실제로 그 거리를 달린 기분을 느끼면서 1마일이라는 구간을 의식하며 걷는 것이다. 그렇게 하고나자 그는 집착이 사라지는 걸 느꼈다. 그리고 마음 깊이 목표를 달성한 기분이 들었다. 그러자 새로운 마음으로 힘을 덜 들이면서 그는 달리기를 잘할 수 있었고, 즐거움도 회복했다.

달리기—다른 운동도 마찬가지지만—는 아주 자연스런 디오니소스적 활동이다. 러너스 하이runner's high라는 말을 들어보았을 것이다. 달리기를 하는 사람이 어느 한계를 넘어서면 물밀듯 행복감이 밀려든다는 경험 말이다. 기쁨의 디오니소스 에너지를 불러내는 훌륭한 방법이라 할 수 있다. 자신이 운동을 하지 않더라도 남이 하는 걸 보면서 어떤 경험을 할 수도 있다. 축구나 야구시합은 확실히 억눌렸던 디오니소스 에너지를 분출시키는 효과가 있다. 전 세계 40퍼센트 인구가 같이 본다는 올림픽 게임은 사람들을 연합시키는 큰 힘을 발휘한다. 그러므로 운동이 의례와 같은 효과가 있음을 의식하면서 운동하는 사람은 신체적인 유익뿐만 아니라 심리적으로도 비약할 수 있다!

의례는 영적 변화를 위한 자원으로도 활용할 수 있다. 한번은 강연 전날 무슨 말을 해야 할지 너무 걱정이 되어서 기운이 하나도 없을 정도였다. 그런데 그날 같이 있었던 여성 친구가 무척 현명한 사람이었다. 그녀는 나한테 절실한 디오니소스 에너지를 어떻게 하면 불러일으킬지 아주 좋은 조언을 해주었다. 공 하나를 두꺼운 수건으로 싸서 그야말로 있는 힘껏 바닥에 메다꽂으라는 것이었다. 디오니소스를 존중하는 의식을 갖고 말이다. 한 5분쯤 그렇게 하자 눈에 힘이 돌아왔고 활기찬 강연을 할 수 있었다.

무의식의 이미지를 갖고 의례로 만들기
: 꿈과 적극적 상상의 이미지로 행동의 변화를 일으키기

의식의 의도를 갖고 무의식 차원의 변화를 일으킬 수 있음을 알았는데, 이번에는 무의식의 자료를 바탕으로 행동을 긍정적으로 변화시키는 방법에 대해 알아보자. 의례에 사용할 이미지는 적극적 상상이나 꿈 작업을 통해 얻으면 된다.

적극적 상상

앞에서 디오니소스를 표출하기 위해 두 손을 하늘로 펼치고 펄쩍펄쩍 뛰면서 있는 힘껏 소리 질렀던 여성을 기억하는가? 적극적 상상을 통해서 자동으로 의례와 같은 행동을 하게 되었던 사례다. 그러한 의례 행위는 무의식에서 솟는 것으로 사람들은 그 힘과 에너지의 대단함에 놀라곤 한다. 원형 이미지는 의식의 마음보다 훨씬 깊이 의례를 이해한다. 그러므로 우리는 확신을 갖고 이 이미지들에게 적절한 의례를 알려달라고 청할 수 있다.

꿈

꿈을 통해서도 의례를 얻을 수 있다. 꿈의 상징적 이미

지들에 기초해서 구체적인 행동을 해보면 뜻밖에도 난해했던 원형의 메시지를 느닷없이 이해하게 되는 경우가 많다. 다음의 이야기는 처음에는 꿈 이미지를 무의식적으로 의례로 옮겼지만 나중에는 의식적으로 그렇게 하는 법을 익힌 여성의 이야기다. 그 과정을 통해 그녀는 디오니소스의 자기표현을 깊이 이해할 수 있게 되었다.

원래 이 여성은 나름 꿈 작업을 열심히 했던 사람이다. 그런데 어디선가 현실생활에서 더 큰 자유를 느끼려면 꿈에서 나는 법을 익혀야 한다는 내용을 읽게 된다. 나는 것은 아닌 게 아니라 자유로움의 상징이고 꿈에서라도 난다는 건 정말 신나는 경험이다.

그래서 매일 잠에 들 때마다 그녀는 스스로에게 암시를 주었다. "오늘밤 나는 날아다니는 법을 배울 것이다." 그런데 꿈에서 늘 그녀는 비행기의 열린 문에 서서 날 준비를 하지만 도무지 발을 떼지 못하는 것이었다. 자신은 공중에 몸을 날려 양팔을 펼치겠다고 애를 쓰는데도 아무 일도 일어나지 않았다. 그런데 그나마 팔로 수영하는 동작을 하면 좀 달라졌다. 발이 떨어지고 어설프게나마 공중을 날 수 있었던 것이다. 물론 기대했던 것처럼 하늘을 신나게 나는 것과는 거리가 멀었다. 그래도 그게 그녀가 할 수 있는 전부였다.

그런데 하루는 친구가 수영이 진짜 좋은 운동이라고 하는 것이었다. 그래서 수영을 특별히 좋아하진 않았지만 그래도 몇 주간 수영장을 다녔다. 그래봤자 수영장을 한번 왕복하는 게 고작이었다. 그런데 어느 날 별로 힘들이지 않고 수영이 잘되었다. 수영을 할 때 꿈의 이미지가 떠올라 수영과 하늘을 나는 것이 하나로 합쳐지면서 수영이 잘되었던 것이다. 그녀는 넘치는 기쁨을 느꼈다.

꿈을 통해 그녀의 무의식이 에고에게 수영이야말로 영적 긴장을 풀기에 좋은 방법임을 알려준 것이다. 의식적으로 의도하지 않았지만 그녀는 수영을 시작했고, 꿈의 이미지를 현실의 행동으로 옮겼다. 이제는 디오니소스 경험과의 연결성을 의식하면서 수영할 수 있게 되었고, 수영은 단순히 신체적 차원의 운동이 아니게 되었다. 그녀에게 수영은 두 세계의 가교가 된 것이다.

가족 분쟁을 의례로 만들기

가족 분쟁을 의례로 만들 수 있는지 살펴보기로 하자. 보통 가족 간의 다툼은 아니마-아니무스의 밀고 당기기이기 십상인데 이를 통해 신성한 양성구유자를 이룰 수 있어야 싸움이 끝난다. 각자가 양성을 구현한 디오니소스의 이상에 다가감으로써 말이다.

내가 아는 어느 젊은 커플은 정말 좋은 사람들이고 기운도 넘치는데 문제를 겪고 있었다. 하루는 남편이 찾아와서 이렇게 말하는 것이었다.

"전 정말 인내심의 한계에 달했습니다. 주말만 되면 아내와 저는 엄청 싸웁니다. 토요일 아침부터 싸우기 시작해서 서로 소리 지르고, 할 말 못할 말 다 퍼부어댑니다. 그렇게 싸우다가 일요일 오후쯤 되면 아내가 접시를 집어던지기 시작합니다. 그쯤 되면 저는 문을 쾅 닫고 나와 버립니다. 더 있다간 제가 아내에게 폭력을 행사할 것을 알기 때문이죠. 시계처럼 그런 주기가 반복되고 있습니다.
전 사실 죄책감을 느낍니다. 뭘 어떻게 해야 좋은지 모르겠어요. 정말 야만인들 같아요. 이런 식으로 살고 싶지 않습니다. 아내도 마찬가지구요. 그런데 우린 도무지 멈추질 못합니다."

내가 보기에 이들의 싸움은 의례로서의 모든 요소를 갖추고 있다. 다만 그 의례가 건설적이지 못하다는 게 문제다. 그래서 이렇게 말해주었다. "토요일 아침에 의례삼아 일부러 싸움을 한번 해보세요. 그리고 어떻게 되는지 한번 보세요." 그는 납득이 가지 않는 표정이었지만 어쨌든 한번 해보기로 동의했다.

다음 토요일 아침이 되자 그 부부는 내키지도 않고 어색하기도 했지만 지긋지긋한 싸움을 끝낼 방편으로 의식을 거행했다. 우선 침실 중앙에 유도선수들처럼 서로 마주보고 서서 고개 숙여 인사했다. 그런 다음 아주 엄격하게 예의와 형식을 갖춰서 각자의 의견을 교환했다. 그 규칙을 따르는 한 하고 싶은 말은 무얼 해도 좋았다. 각자 더 할 말이 없다고 느낄 즈음 다시 방 중앙에 서서 서로 고개 숙여 인사한 다음 의견교환을 공식적으로 종결했다. 이런 식으로 싸움은 의례의 원 안에 담겨져 일상생활의 다른 곳으로 새어나가지 않게 되었다.

나중에 남편이 돌아와 이렇게 말했다.

"정말 말도 안 되고, 이해도 안 가는데 희한하게 효과가 있었어요. 토요일 아침 일찍 의식을 치르고 나면 아주 편안하게 주말이 지나갑니다."

나는 이렇게 대답했다.

"당신은 의례를 찾은 겁니다. 신에게 바칠 것을 바치고 나니 나머지는 당신 것이 된 거죠. 그동안 디오니소스적 요소를 아주 조야하고, 거칠고, 생경하게 겪다가 기적을 발견한 겁니다. 그 요소를 엑스타시와 조이로 변화시키는 기적을 말입니다."

에필로그

조이$_{\text{Joy}}$란 무엇일까?

사전적 의미의 "영의 환희$_{\text{exultation}}$, 낙원의 지복$_{\text{beatitude}}$"이라고 말할 수 있다. 우리가 행복이라 부르는 덧없고, 단명한 상태와는 달리, 지속적으로 영과 육을 더불어 길러주고, 지탱해주는 가치라고도 말할 수 있다. 조이는 더 큰 자극에 집착하지 않는다. 그 자체로 충분하기 때문이다.

그렇지만 우리는 조이를 뭐라 딱 집어 말하지 못한다. 나머지는 각자가 스스로 찾고 알아내야 한다. 디오니소스 요소와 화해할 때 모든 살아있는 것들에 생기를 불어넣는 엑스타시의 광채를 알아보는 눈이 열리기 시작할 것이다. 바로 엑스타시의 빛나는 광채 안에서 조이는 우리 내면에서 탄생한다.